KB210688

길 위의 학교

길 위의 학교

지은이 | 김상훈·윤정희
초판 발행 | 2019. 4. 10
등록번호 | 제1988-000080호
등록된 곳 | 서울특별시 용산구 서빙고로65길 38
발행처 | 사단법인 두란노서원
영업부 | 2078-3352   FAX | 080-749-3705
출판부 | 2078-3331

책값은 뒤표지에 있습니다.
ISBN 978-89-531-3452-2 03230

독자의 의견을 기다립니다.
tpress@duranno.com   www.duranno.com

두란노서원은 바울 사도가 3차 전도여행 때 에베소에서 성령 받은 제자들을 따로 세워 하나님의 말씀으로 양육하던 장소입니다. 사도행전 19장 8~20절의 정신에 따라 첫째 목회자를 돕는 사역과 평신도를 훈련시키는 사역, 둘째 세계선교(TIM)와 문서선교(단행본·잡지) 사역, 셋째 예수문화 및 경배와 찬양 사역, 그리고 가정·상담 사역 등을 감당하고 있습니다. 1980년 12월 22일에 창립된 두란노서원은 주님 오실 때까지 이 사역들을 계속할 것입니다.

학교 밖에서 배우는

사랑 교육

길 위의 학교

김상훈·윤정희 지음

두란노

목차

1부

열한 명, 천국의 아이들이 사는 곳

2부

학교 밖에서 배우는 것들

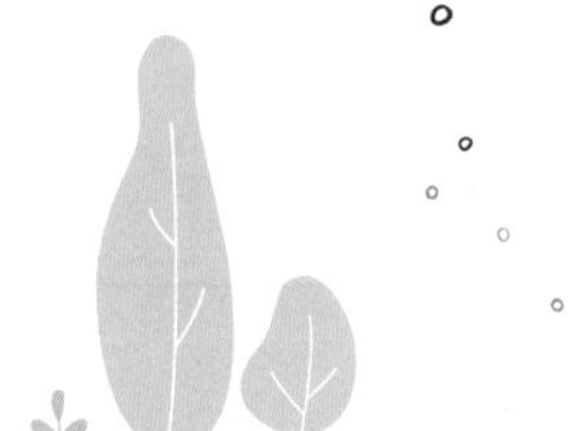

예수는

지혜와 키가

자라가며

하나님과 사람에게

더욱 사랑스러워 가시더라

눅 2:52

추천사

김상훈 목사님과 윤정희 사모님의 삶, 가정, 목회, 소명 등을 깊이 이해할 수 있는《길 위의 학교》가 출간되어 매우 기쁩니다. 많은 사람은 열한 명의 자녀를 그저 키우는 것만도 거의 불가능하다고 여길지 모릅니다. 그런데 두 분은 가슴으로 낳은 열한 명의 자녀를 철저히 복음의 가치 체계에 근거한 양육 철학으로 돌보고 가르치며 하나님의 자녀로 세워 가고 있습니다. 가정은 곧 학교이며 교회인 천국 공동체입니다. 부모의 말 한마디, 행동 하나가 자녀에게는 얼마나 큰 영향력을 끼치는지 두 분의 자녀 양육 이야기를 통해 깨닫게 됩니다. 이 책을 통해 행복한 가정, 거룩한 교회의 모델을 보여 주고 있는 두 분의 삶을 모든 그리스도인이 배울 수 있기를 기도합니다.

이재훈

온누리교회 담임목사

김상훈 목사님과 한 교회에서 생활한 지 어느덧 8년이 넘었습니다. 누구나 쉽게 따라할 수 없는 특별한 가정의 모습을 저는 바로 옆에서 지켜보는 특권을 얻은 셈이지요. 어찌 그리 한결같은 사랑으로 웃음 가득한 가정을 이룰 수 있을까요? 아무리 생각해도 그리스도의 사랑이 아니면 불가능하다는 결론을 내립니다. 이 책을 읽어 보시면 시류에 편승하지 않고 조금 늦더라도 묵묵히 말씀 따라 살아가는 기독교 가정의 모습을 선명히 볼 수 있으며, 그것이 얼마나 복된지 깨닫게 될 것입니다. 이 책을 통해 더 많은 가정에 주님의 사랑이 흘러가기를 바랍니다.

이철

강릉중앙감리교회 담임목사

•

이 책은 이 땅에 귀하고 소중한 존재로 보내진 열한 명의 순수한 아이들이 하나님에 대한 믿음과 부모의 사랑으로 성장하는 여정을 그린 저자의 진솔한 고백서입니다. 말씀을 따르는 순종과 부모의 아낌없는 사랑이 놀라운 기적을 불러온다는 사실을 보여 주는 이 책은 자녀 교육으로 힘들어하는 부모들의 지침서로 손색이 없습니다.

고광래

인구초등학교 교장

•

우리는 감동이 메마른 시대에 살고 있습니다. 그러나 이 책에 담긴 김상훈 목사님의 가족 이야기는 여전히 따뜻한 사랑과 감동을 줍니다. 부족함 가운데서도 섬기고 나누는 이들 가족의 모습은 하나님도 미소 짓게 할 것입니다. 부모가 솔선수범하고 입양한 자녀들 또한 예배의 삶을 살도록 키워 내는 두 분을 존경하며 이 책을 추천합니다.

김강남

국회의원 축구팀 감독

•

김상훈 목사님과 윤정희 사모님의 가족은 제가 2013년 〈휴먼다큐 사랑-붕어빵 가족〉 편의 내레이션을 맡으면서 알게 되었습니다. 당시는 아이가 아홉 명이었는데 그새 늘어 지금은 열한 명이 되었더군요. 삶이 지치거나 고단할 때 사람 냄새 가득한 이 가족을 생각하며 따뜻한 기억을 떠올리곤 합니다. 와글와글 열세 명이나 되는 대가족이지만 늘 웃음과 행복이 끊이지 않는 비결이 이 책에 고스란히 담겨 있습니다. 성공을 위한 경쟁보다는 사랑을 위한 양보를 가르치는 이 가정을 응원하며 이 책을 권해 드립니다.

유해진

배우

•

김상훈 목사님과 윤정희 사모님 가족의 부요함이 참으로 부럽습니다. 윤정희 사모님은 이따금 나를 부끄럽게 만듭니다. 입양한 아이들이지만 여느 엄마 못지않게 깊이 사랑하고 잘 키우는 모습을 보면서 진정한 부모의 사랑을 배웠습니다. 가족이니까 '당연히 사랑하는' 것은 아닌 것 같습니다. 이 책은 가족의 참된 의미를 찾으려 끊임없이 노력해야 행복한 가족이 된다는 것을 보여 줍니다. 부모라고 모두 완벽할 수는 없습니다. 부족함을 드러내도 주님 안에서 반성하고 사랑하고 실천하는 모습을 보여 주는 부모를 보며 아이들이 자랍니다. 이 책을 통해 참된 가족의 의미를 배우고 행복한 발걸음을 내딛기 바랍니다.

윤유선

배우

•

김상훈 목사님 부부와 열한 명 아이들의 작은 일상을 수채화처럼 그린 이 책을 읽으며 천국의 가정을 보는 것 같았습니다. 상처도 있고 아픔도 많았을 이 아이들이 하나님을 사랑하고, 부모의 작은 말에도 순종하며, 형제와 이웃을 돕는 바르고 멋진 삶을 살고 있습니다. 우리가 보기에는 기적 같은 일이 벌어진 것인데, 저자 부부는 그저 예수님을 신호등 삼아 하나님과 함께 길 위를 같이 걸었을 뿐이라고 말합니다. "우리 아이, 이렇게 키워야 한다"는 백 마디 말보다 더 지혜롭고 울림이 강한 자녀 양육 방법을 엿볼 수 있는 이 책을 강추합니다. 자녀를 있는 모습 그대로 바라보게 될 것이고, 가정에 놀라운 변화가 일어날 것입니다.

이홍렬

개그맨, 펫튜브 채널 운영자

•

지금까지 세계에서 가장 훌륭하게 학생을 키워 낸 학교는 어디일까요? 저는 열두 명의 학생과 예수님이 선생님으로 계셨던 학교라고 생각합니다. 그 학교는 건물도 없고 급식도 시원찮고 수업료도 없었지만 말씀이 육신이 되어 오신 예수님을 선생님으로 모시고 있었기에 가장 훌륭한 학생을 키워 낼 수 있었습니다. 김상훈 목사님과 윤정희 사모님의 양육 스토리를 읽다 보면 예수님께서 열두 제자를 가르치며 겪으셨던 복음서의 내용과

흡사하다는 것을 느끼게 됩니다. 변화될 것 같지 않았던 아이들의 마음이 변화되어 갑니다. 치유될 수 없을 것 같은 아이들에게 치유가 일어납니다. 먼저 그의 나라와 의를 구하는 삶을 통해 오병이어의 기적을 체험합니다. 그리고 결국에는 주님을 무엇보다 사랑하는 아이들이 되어 갑니다. 예수님이 오늘날 아이들을 만나면 어떻게 가르치실까 궁금한 분들에게 이 책을 추천합니다.

최병준

부산 예원초등학교 교사

프롤로그

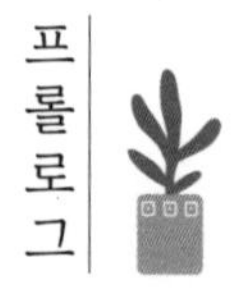

주님께 우리가 할 수 있는 최고

처음 아내가 그동안 아이들을 키우면서 함께했던 모든 순간을 글로 옮겨 보자고 얘기했을 때는 그저 아이들이 좋아서 기도하며 양육했을 뿐인데 어떻게 글로 옮겨야 하나 막연함에 답답했습니다. 그래서 며칠을 컴퓨터 앞에 앉아 생각만 하고 결국 한 자도 옮겨 적지 못하고 포기를 했었죠. 그게 벌써 2년 전입니다.

다시 아내의 집요한 설득에 힘을 입어 이번에는 내가 말을 하면 아내가 글로 옮겨 적는 것으로 간신히 승낙을 했습니다. 그렇게 아내와 즐거운 대화 데이트를 이어 가는 겨울이었습니다. 아이들과 함께하는 지난 시간들을 끄집어내어 말하는데 순간순간 '이런 일도 있었구나'란 생각에 감격스러워 눈물이 흐를 때도 있었고, 너무 감사해서 한참 웃을 때도 있었습니다.

뒤를 돌아보니 아내와 열한 명의 든든한 아이들 덕에 지금까지 왔습니다. 시골 촌놈이 그동안 하나님이 주시는 모든 평안 안에서 행복하게 살았음을 이 글을 통해 고백합니다. 사실 저는 처음부터 목회자의 길을

걸은 사람도 아니고 목회자가 될 생각은 꿈에도 없었던 사람입니다. 그런데 아내 만나 50살에 목사 안수 받은 날, 아내가 내게 해준 말에 뒤도 돌아보지 않고 달려왔던 것 같아요. 아내가 뭐라고 말했냐고요?

"50살에 목사 안수 받으면서 누구나 다 살아가는 목사로 살지 마슈. 인생 한 번 사는 거 세상 사람들에게 존경 같은 거 안 받아두 돼유. 우리가 존경받을려고 목회자 가정으로 사는 거 아니니께. 다만 기독인으로 세상 사람들에게 손가락질 받는 목회자 가정으로는 살지 맙시다."

저는 아내의 이 말이 어찌나 무섭던지 지금도 제 가슴 안에 담아 두며 살고 있습니다. 어쩌다 마음 편히 지내고 싶을 때도 아내가 어디선가 저에게 이 말을 하는 것 같은 착각이 들기도 하고요.

세상 사람들에게 손가락질 받지 않으려고, 사랑하는 하나님을 욕먹이는 일을 하지 않으려고 더욱 열심히 살아왔습니다. 그리고 그 삶의 뒤안길에는 늘 우리 아이들이 함께 걸어오고 있었습니다. 그 이야기를 이 책 안에 담아 보려 합니다.

저는 자녀들과 '길 위의 학교'라는 여행을 20년 동안 하고 있습니다. 그 여행의 첫 단계는 성경 안에서 나를 찾아 가는 것입니다. 내가 하나님 앞에 어떤 존재인지를 계속해서 고민하고 답을 찾는 것이죠. 결론은 이미 나와 있습니다. 우리는 모두 사랑받기 위해 태어난 하나님의 자녀입니다. 그걸 깨달으면 그 아이는 인생의 큰 숙제 하나를 해결한 셈입니다.

내가 소중하고 귀한 존재임을 알게 되면 다음 단계로 넘어갑니다. 그것은 나를 사랑하시는 예수님을 통해 우리가 어떻게 살아가는 게 바른 길인지 아는 것이죠. 이를 위해 또 여행을 떠납니다. 하나님을 사랑하는 마음으로 이웃을 사랑해 달라는 예수님의 말씀에 순종하고자 여행을 합니다.

아내와 여행을 하면서 성경 말씀을 통해 깨달은 한 가지가 있습니다. 우리가 할 일은 죽기까지 사랑하는 것이라는 걸 말이죠. 10년 뒤, 20년 뒤의 내 자녀의 모습을 누가 책임질 수 있겠습니까? 어느 누구도 책임질 수 없습니다. 우리를 부모로 부르시고 당신의 자녀를 맡겨 주신 주님께 우리가 할 수 있는 최고는 주님께서 보여 주신 것처럼 죽기까지 사랑하는 것입니다.

우리는 아침마다 온 가족이 둘러앉아 큐티를 합니다. 요즘엔 본문 말씀을 아이들 어렸을 때 나누던 야고보서로 다시 바꿨습니다. 하은이는 성장해서 캐나다로, 하선이는 간호사 실습으로 바빠 함께 자리하지는 못하지만 야고보서를 읽고 암송하다 보면 마치 아이들 어린 시절로 돌아간 것 같고, 더욱 "행복하다, 감사하다"는 말이 나옵니다. 그런데 아들, 딸 때문에, 아내 때문에 행복하다라고 말하는 게 어쩐지 바보 같기도 해서 말하는 게 눈치도 보이더군요. 그런데 어쩌겠습니까. 이리 좋은데….

우리 가족이 함께 걸어온 수많은 고난과 어려움, 인내의 길들은 곧 예수님의 우리 가족을 향한 사랑이었음을 고백하며 찬양합니다. 그리고 주님께 고백합니다.

"하나님, 사랑혀유~."

두서없는 제 말을 조금은 자연스럽고 아름답게 담아 준 제 인생 최고의 선물인 아내에게 감사하고, 제가 살아가는 이유를 선물해 준 우리 열한 명의 아이들에게 고맙습니다. 무엇보다 하나님 아버지께 모든 영광을 돌립니다.

"하나님, 감사혀유~."

2019년 4월

강릉에서 김상훈

우리는 모두 하나님을 사랑하는 주님의 자녀들입니다

아빠 **김상훈(60세)**, 목사

아내 바보, 자녀 바보로 사는 바보 아빠

엄마 **윤정희(56세)**

우주 최고의 멋진 남자 김상훈 목사의 아내이며, 지구 상에서 최고로 아름다운 열한 명 아이들을 키우는 행복한 엄마

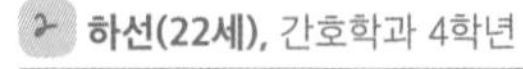

1 **하은(23세)**, 캐나다에서 유아교육 공부 중

초등학교 6학년 때 주님을 인격적으로 만나 엄마는 이 땅의 소외된 아이들의 엄마가 되어 주고, 자신은 전 세계 소외된 아이들의 엄마가 되겠다며 아프리카 선교사의 꿈을 꿈. 그 꿈을 이루기 위해 유아교육을 공부하고 있는 하나님의 딸

2 **하선(22세)**, 간호학과 4학년

"우리 집 권력 서열 1위는 나야 나"를 외치는 집안의 군기반장. 자신의 무기는 너무 예쁜 얼굴이라고 말하는 자칭 공주병 중증 환자

3 **하민(18세)**, 홈스쿨

두 언니의 든든한 조력자. 남동생들의 선한 누나이기를 바라며 뒤에서 돕는 걸 좋아하고, 제2의 김하은을 꿈꾸는 미래의 선교사

4 **요한(17세)**, 홈스쿨

과학자가 되어 연구하는 일을 하고 싶어 하는 우리 집 장남

5 **사랑(16세)**, 사격선수

국가대표를 향해 도전하는 사격 선수

6 **햇살(16세)**, 홈스쿨

아빠처럼 목사가 되어 아산병원 원목을 세습(?) 받고 싶어 하며, 아기들을 좋아해서 빨리 아빠가 되고 싶어함

7 **다니엘(16세)**, 경보선수

"남자의 인생은 의리여~"를 외치는 만능 스포츠맨. 운동을 좋아하고 잘해서 스포츠 지도자가 되려고 함

8 **한결(15세)**, 경보선수

형들이 좋아 형들만 따라다니는 집안의 귀염둥이

9 **윤(14세)**, 사격선수

사랑이 형과 함께 사격선수로 활동 중이며 꿈나무 선수로 발탁될 예정. 자신을 통해 많은 아이들이 입양 되길 원한다며 '입양 전도사'를 꿈꾸고 있음

10 **하나(10세)**

누군가 "이름이 왜 하나야?"라고 물으면 "그럼 이름이 두 개야?"를 외치는 하나뿐인 하나. 요한이의 뒤를 이어 유일하게 공부를 잘함

11 **행복(8세)**

이름 그대로 자신만 행복하면 모든 게 좋은 행복이는 스포츠 신동이라 할 정도로 운동을 잘함. 골키퍼가 되겠다며 축구 유니폼을 입고, 골키퍼 장갑을 끼고 다니는 축구 광

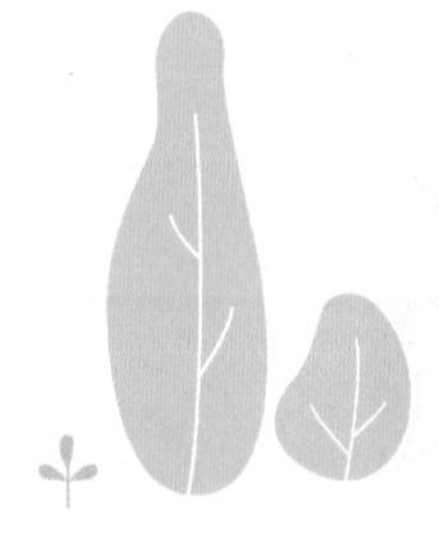

1부

열한 명, 천국의 아이들이 사는 곳

#1장

행복으로 가는 지름길

공부 잘하면 행복할 줄 알았습니다

지금 우리 집은 열한 명의 자녀와 함께 살고 있습니다. 아이들이 하고 싶은 걸 하도록 하는 게 우리 집 교육 철학입니다. 막내 행복이가 일곱 살이 되었을 때 유치원을 다니고 싶어 하지 않아 우리는 보내지 않았습니다. 그저 건강하게 뛰어노는 게 감사하다는 생각에 행복이에게 한글보다는 축구를 하게 했고, 숫자를 익히기보다는 자전거를 먼저 타게 했습니다. 그림을 그리기보다는 자연을 눈에 익히게 하기 위해 들로 산으로 놀러 다녔고, 경포해변에서 모래 놀이를 하며 놀았습니다.

연필 집는 걸 싫어하고, 그림 그리는 걸 재미없어하며, 책상에 앉아 책을 읽는 것도 3초만 지나면 덮어 버리는, 공부하기 싫어하는 아이가 행복이입니다. 우리는 행복이가 한글을 읽지 못해도, 글을 쓰지 않아도, 그림을 그리지 않아도 신경 쓰지 않습니다. 세상이 주는 교육으로 아이가 행복하게 사는 게 아니라는 걸 큰 아이들을 키우면서 알게 되었으니까요.

우리 아이들 중에는 학교 성적이 최하위인 아이가 있습니다. 한 명도 아니고 두 명이나 되지요. 성적표가 우편으로 오는데 이들은 너무나 당당하게 말합니다. 그래도 꼴등은 아니라고요. 그러면 아내는 그럽니다. 꼴등 아닌 것에 감사하며 축하한다고요. 그런 아내 덕분에 우리 아이들은 공부나 성적, 등수가 행복의 잣대가 아니라는 것을 압니다. 오직 말씀을 통해 지혜를 얻는 것이야말로 행복으로 가는 지름길임을 아이들 스스로 알아 갑니다.

우리 집은 '삼무'(三無) 가정입니다. 대학을 가기 전까지 핸드폰을 아이들 손에 쥐어 주지 않습니다. 아이들끼리 컴퓨터 게임을 하지 않도록 합니다. TV를 보는 걸 자제시킵니다. 세 가지를 하지 않겠다고 말하면서 과연 지켜질까 저 또한 염려가 되었지요. 그렇지만 약속은 지키라고 있는 거니 아이들과 이 '삼무'를 지키려고 함께 노력합니다.

세 가지를 하지 않으니 무엇보다 저녁식사를 하고 난 뒤 할 일이 없더군요. 그걸 알고 아내는 아이들과 사라져 가는 전래 놀이를 소환했습니다. 공기놀이를 못하는 아이들 손에 다섯 알의 공깃돌을 쥐어 주며 한 달 뒤에 시합을 해서 우승자에게 선물을 주겠다는 공약을 걸었습니다. 우리는 저녁 식사를 하고 난 뒤 모두 거실에 모여 공기놀이를 했습니다. 아내는 한 달 뒤 정말 가족 시합을 열었고, 약속을 지켰습니다.

공기놀이가 조금 지루해질 때쯤 아내는 다른 놀이를 소환했습니다. 장기, 오목, 다이아몬드 게임, 줄넘기, 딱지치기, 고무줄놀이, 땅따

먹기 게임, 팽이치기까지 알고 있는 모든 놀이를 다 들고 나와 아이들과 저녁 시간을 보냈습니다. 며칠 전에는 오목을 뒀습니다. 작년에는 다니엘이 오목 왕으로 등극을 했는데, 올해는 한결이가 오목 왕이 되었습니다.

많은 분들이 우리 가족이 처음부터 이렇게 살아왔을 것이라고 생각들을 합니다. 하지만 20년 전 우리 집은 조기교육 열풍의 중심에 있었습니다. 일반 가정의 남자들이 그렇듯이 저는 그냥 열심히 돈 벌어 가져다주며 남편의 소임을 다했다 생각했습니다. 가정 살림은 아내가 책임지는 거라 생각했고, 아이들 교육에 대해서도 교육자 출신인 아내가 알아서 잘할 거라 생각하며 한 발짝 뒤로 물러나 지켜보는 수준에 머물러 있었습니다.

하선이가 네 살 무렵에 많이 아파 대전에 있는 어린이 병원에 입원을 했습니다. 아내가 병원에서 하선이 병간호를 하고 하은이는 제가 데리고 있었습니다. 제가 하은이를 데리고 병원에 가보면 아내는 집에서 그랬듯이 하선이에게 한글과 숫자를 가르치고 있었습니다. 네 살의 하선이는 글자를 잘 따라 읽었는데 주변의 병실 어머니들이 하선이가 글을 읽는 걸 보며 다들 부러워했습니다. 아내는 더욱 기분이 좋아 하선에게 어려운 단어도 읽어 보라 했고, 하선이는 엄마의 요구에 척척 응했습니다.

그리고 무엇보다 하선이는 색종이 접기를 정말 잘했습니다. 어린 아이인데도 눈썰미가 좋았고 뭐든 빨리 익혔습니다. 주변 어머니들의 부러움 속에서 하선이는 병원 생활을 했지요. 하선이의 똑똑함에 아내도 굉장히 만족했고 나름 즐기고 있는 듯했습니다.

하선이는 무엇을 가르치든 잘 따라와서 우리 부부의 기쁨이 되었습니다. 건강하기만 하면 더 바랄 게 없을 정도였죠. 그림을 그려도 또래보다 색을 잘 칠했고, 노래를 가르쳐도 음 감각이 앞서서 금방 잘 따라 불렀습니다. 성경 암송을 시켜도 너무 빨리 외워 선생님들을 놀라게 했지요. 한글은 다섯 살에 이미 다 깨우쳐서 신문을 읽을 정도가 되었어요.

하선이보다 한 살 위인 하은이는 상대적으로 조금 늦었습니다. 그래서 늘 동생과 비교되곤 했지요. "동생은 저렇게 잘하는데 언니는 왜 저런지 모르겠다"라는 말이 나오기 일쑤니 아내는 하은이에게 더욱 공부를 강요했습니다. 하은이는 한글을 익히는 데도 시간이 오래 걸려 아내에게 꾸지람을 듣고 자주 혼나기도 했어요. 글자를 빨리 못 외운다며 하은이에게 소리 지르는 아내를 저는 그저 지켜보기만 했습니다. 아내가 하는 모든 교육에는 이유가 있고 무조건 아내의 방법이 옳다고 생각했습니다. 저는 '딸 바보' 소리를 듣는 것보다 '아내 바보' 소리 듣는 걸 더 좋아한 사람이었습니다.

그 당시에 아내는 주말 사역을 하는 파트 전도사여서 평일에는 시간이 많이 남았습니다. 우리가 살고 있는 집이 대전 둔산동 갤러리아 백화점 부근이었는데, 아내는 어린이집이 끝나면 하은이 하선이를 데리고 백화점에서 운영하는 문화센터에 다녔습니다.

월요일엔 발레,

화요일엔 레고,

수요일엔 뮤지컬,

목요일엔 색종이 접기,

금요일엔 아이클레이,

토요일엔 특강…

그렇게 백화점에서 살다시피 한 아내는 이미 백화점 VIP고객이 되어 있었습니다. 아내는 우수 고객들이 쉴 수 있는 공간에서 커피를 마시며 아이들의 수업이 끝나기를 기다렸다가, 쇼핑도 즐기고 저녁식사도 하고 집으로 들어왔습니다.

그렇게 매일을 반복하며 사는 아내와 아이들을 보면서 저는 인생 잘 살고 있다며 나름 행복함을 느끼는 가장이었습니다. 아내와 예쁜 두 딸이 누리는 가치가 내가 버는 돈이고, 돈이면 다 된다고 생각하던 시절이었습니다. 그래서 열심히 일을 했고 물질로 더욱 채워 주시는 하나님께 감사하며 살았습니다.

과감하게 던져 버리다

저는 토목과를 나온 전문 엔지니어 출신입니다. 대학을 졸업하고 작은 토목회사에 입사를 했지요. 큰 회사에서 부속품처럼 일하기 보다는 작은 회사에서 함께 성장하는 삶을 살고 싶었고, 무엇보다 큰 회사의 꼬리보다는 작은 회사에서 몸통으로 일하고 싶었습니다. 저는 입사한 지 몇 년 만에 토목 현장을 책임지는 소장이 되어 있었습니다.

사장님은 아버지를 일찍 여읜 저를 마치 아들처럼 대해 주셨습니다. 제가 결혼을 하고 가정을 꾸린 뒤에는 프리랜서로 일할 수 있도록 많은 도움을 주셨지요. 천안 톨게이트 확장 공사를 시작으로 저는 충청도 쪽 도로 공사를 도맡았고, 한 현장의 일이 끝나면 제 통장에 인건비, 자재비, 회사 수수료를 제하고도 많은 현금이 남아 있었습니다.

IMF 당시 많은 건설회사들이 줄줄이 도산했습니다. 저는 그런 회사에서 진행하던, 다 무너져 가는 토목 현장들에 들어가 일을 하곤 했습니다. 신기하게도 부도가 난 현장인데 사업이 무사히 마무리되는 기적을 경험하며 '무슨 일을 하든 열심히 최선을 다하면 할 수 있다'라는 자신감도 생겨났습니다. 도저히 사람의 힘으로는 할 수 없는 현장도 제가 맡으면 적자가 흑자로 돌아서서 아내에게 많은 돈을 가져다주기도 했습니다. 통장에 적지 않은 돈도 들어있고 집도 여러 채가 있다고 생각하니 마음이 편해지기 시작했습니다. 아내는 주님께 십의 오조를 드리면서 감사해했고, 그 덕분인지 제가 하는 사업은 나날이 더 성장했습니다.

그런데 언제부터인가 기독교인으로서 이 직업에 대한 회의가 들기 시작했습니다. 일을 진행하다 보면 바르지 못한 결정이나 행동을 할 때가 있는데, 그럴 때마다 주님께 부끄러웠습니다. 제가 하고 있는 일이 주님의 기쁨이 되지 못한다고 생각하니 우리의 헌금을 주님께서 기쁘게 받으시지 않는 것 같은 생각까지 들었습니다.

수요일은 현장을 4시 정도에 마무리하고 수요예배를 드리기 위해 집으로 향했습니다. 금요철야예배도 드려야 한다는 마음이 들어 금요일도 현장을 일찍 정리했습니다. 어느 틈엔가 예배가 제 마음 안에 자리 잡기 시작했고, 교회 안에서 사는 삶이 저에게 딱 맞는 옷을 입고 있는 것 마냥 편하고 즐거웠습니다.

점점 토목 현장으로 돌아가는 날이 다가오면 마음의 부담감이 가득 들기도 했지요. 성경적이지 않은 현장에서 제가 할 수 있는 게 없음을 고백하며 하나님께서 기뻐하시는 일을 하게 해달라고 기도하기 시작했습니다. 그게 무언지 모르겠지만 토목 현장만 아니면 다른 어떤 일이든 하겠다는 마음까지 들게 되었습니다.

그러던 중 일곱 살된 하선이가 갑자기 심한 열로 또 입원을 했고, 의사진들은 더 이상 가망이 없다며 기다려 보자는 이야기만 반복했습니다. 이 상태에서 뭘 기다리라는 말인지 너무 답답해서 힘들어 하던 중 주님께 간절히 기도했습니다. 그때 누가 시킨 것도 아닌데 혼자서 이런 기도를 했습니다.

“주님, 하선이만 살려 주시면 목사가 되겠습니다. 토목 사업을 모두 던져 버리고, 물질도 던져 버리고 오직 주님만 바라보는 목회자의 길을 걷겠습니다."

간절하게 울면서 기도하던 중 토목 현장 일이 아닌 다른 그 무언가가 목회라는 걸 알게 되었습니다. 그후 현장에서 쓰던 모든 장비를 친하게 지내던 후배에게 모두 주고 홀가분하게 토목 현장을 떠나기로 했습니다. 그런데 하필이면 후배의 건설 현장이 부도가 나서 제가 빌려준 장비를 하나도 건지지 못하게 되었지요. 아내의 말대로 현장을 철수하면서 바로 비용을 받아야 했는데 그러질 못했습니다. 법적으로 해결할 생각까지 했지만 저는 토목 현장에서 일한 모든 걸 그대로 던져 버렸습니다. 지금도 그 당시 일을 생각하면 아내에게는 참으로 미안합니다.

그렇지만 저는 마음의 돌멩이를 안고 산 것 마냥 힘들었던 모든 과거를 던져 버렸다는 생각에 마음이 가벼웠습니다. 하나님의 뜻이 아니라면 물질도 과감하게 던져 버릴 수 있는 게 믿음이란 걸 알게 되었습니다.

하선이를 살린 무모한 믿음

하선이의 병명은 폐쇄성 모세기관지염이었습니다. 두 개의 폐 중 하나는 새까맣게 변했고, 나머지 폐의 반 이상이 제 기능을 하지 못했죠. 열 살 이전의 아이들에게 이 폐쇄성 모세기관지염은 사망 확률이 높은 병임을 나중에 알게 되었습니다.

당시 아이들의 폐에 가장 권위 있는 의사가 서울대학교병원의 고 형률 교수님이었는데, 지인의 소개로 교수님의 진료를 받을 수 있게 되었습니다. 그때부터 하선이와 우리 부부는 서울로 왔다 갔다 하며 치료를 받았습니다. 그때는 제가 토목 사업을 하지 않고 있던 때라 병원비를 지불할 현금이 부족하여 세를 주고 있던 31평 아파트를 팔아 오랜 시간 치료를 했습니다.

누워서 아무것도 할 수 없는 하선이를 보면서 똑똑함이 아무 소용 없음을, 좋은 성적과 점수가 우리 부부에게 아무런 위안을 주지 못함을 알게 되었습니다. 오히려 건강하게 잘 자라는 하은이가 우리 부부에게 위로가 되고 위안이 됨을 깨닫게 되었습니다.

아픈 아이를 키우다 보니 쉬운 일이 하나도 없었습니다. 하선이는 성장하면서도 계속해서 약물치료를 했지요. 그런데 어느 날 아내가 기도하며 이제부터는 하선이를 병원 치료 대신 하나님의 말씀으로 치유시키겠다고 선포했습니다. 매달 하선이의 병원비와 약값이 부담스러워서 아내가 결국에는 오직 주님만 믿고 의지하기로 했구나 하고 생각했습니다. 우리는 하선이의 폐로는 일상적인 생활조차도 힘들다는 의사 선생님의 이야기를 뒤로하고 하선이의 손을 잡고 병원을 나왔습니다.

그런데 그 일이 있은 후 국가에서 만 18세 이하 입양 아동들에게 의료보험 1종을 부여해 병원비를 면제해 주는 제도가 생겼습니다. 그 제도가 생길 때 저는 '미리 좀 만들어 줬으면 얼마나 좋았을까'란 생각도 했지요. 그렇지만 아내는 아파트 한 채 값으로 하선이의 목숨을 살린 데는 분명 이유가 있을 거라며 환하게 웃기까지 했습니다.

38 회당장의 집에 함께 가사 떠드는 것과 사람들이 울며 심히 통곡함을 보시고 39 들어가서 그들에게 이르시되 너희가 어찌하여 떠들며 우느냐 이 아이가 죽은 것이 아니라 잔다 하시니 40 그들이 비웃더라 예수께서 그들을 다 내보내신 후에 아이의 부모와 또 자기와 함께한 자들을 데리시고 아이 있는 곳에 들어가사 41 그 아이의 손을 잡고 이르시되 달리다굼 하시니 번역하면 곧 내가 네게 말하노니 소녀야 일어나라 하심이라 42 소녀가 곧 일어나서 걸으니 나이가 열두 살이라 사람들이 곧 크게 놀라고 놀라거늘 막 5:38-42

말씀만을 붙잡고 하선이가 건강해질 거라고 굳게 믿는 아내를 바라보며 그 믿음이 무모하지 않았다는 걸 얼마 지나지 않아 알게 되었습니다. 믿음은 바라는 것들의 실상이요 보이지 않는 것들의 증거임을 깨달았습니다.

살 가망이 없었던 하선이는 20년이 흐른 지금까지도 너무나 사랑스럽게 우리 곁에 있습니다. 하선이는 조금씩 건강해지면서 일상생활을 하는 데 전혀 지장이 없을 정도가 되었습니다. 정말 감사한 일이었습니다. 물론 어린 시절의 그 폐를 가지고 살아가야 하기 때문에 불편한 점은 있습니다. 일 년에 한두 번 정도 병원에 방문해 정기 검진을 받아야 하고 복용해야 할 약도 한가득 처방 받습니다. 그러나 그럼에도 하선이를 살아가게 하시는 하나님을 바라봅니다. 기적의 삶을 살고 있는 하선이를 보며 우리 가족을 통해 일하실 하나님을 기대합니다.

하선이의 이러한 경험 후에 아내의 교육 방침은 대대적으로 변화하기 시작했습니다. 학습지 공부하는 시간에 아이들과 동화책을 읽었고, 학원에 가기보다는 여행을 떠났고, 부모가 공부를 가르치기 보다는 스스로 알아서 할 수 있도록 분위기를 조성했습니다.

이제 우리 가정 이야기를 하려고 합니다. 작고 예쁘고 영리했던 한 아이로 인해 우리 집이 어떻게 바뀌었는지, 하나님이 우리 가정을 통해 어떻게 일하시는지 나누고자 합니다. 우리 부부가 살아온 삶이 정답은 아니겠지요. 오직 주님만이 아시는 일이지만 생명을 살리는 일에 우리 부부가 사용되었음에 그저 감사할 뿐입니다.

든든한 큰딸 하은이랑

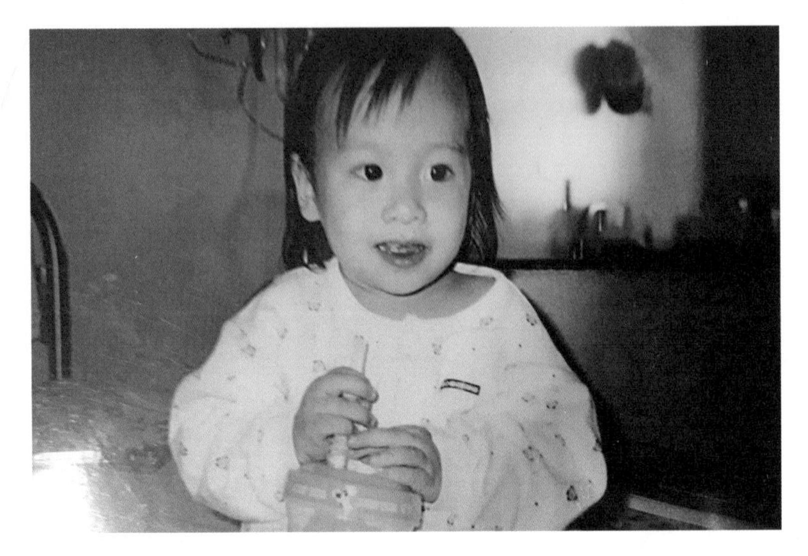

병원에서 처음 만난 18개월 하선이

하은이와 하선이 어릴 때 제주도에서

궁금한 게 있어요

Q 자녀가 자라면서 그리스도인으로서 정체성이 흔들리거나 믿음에 의심이 들 때가 생깁니다. 특히 세상에서는 일등이 되라고 가르치며 경쟁을 부추기고, 또 말씀대로 사는 것을 미련하다고 여깁니다. 자녀가 흔들림 없는 믿음으로 살 수 있도록 도울 수 있는 방법을 소개해 주세요.

A 이 일은 참 쉬운 일이 아니죠. 그저 자녀들을 기다려 주는 게 답인 것 같아요. 기도하는 부모의 자녀는 결코 망하지 않는다는 지혜로운 어른들의 말씀처럼 저도 기다려 주는 게 최선의 방법인 것 같습니다.

그런데 부모가 세상에 흔들리면서 자녀들 보고는 흔들림 없는 믿음의 세계를 살아야 한다고 말한다면 그 말이 효력이 있을까요? 부모가 먼저 믿음 위에 단단히 세움 받고 자녀들이 말씀 안에서 살도록 돕는다면 자녀들이 자연스럽게 하나님의 문화를 사랑하며 성장할 거에요.

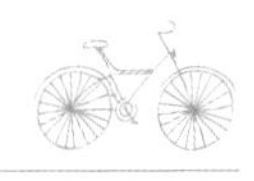

#2장

우리 품으로 들어온 아이들

하민아, 넌 지극히 정상이야

하선이가 건강해지면서 아내는 아이를 낳고 싶어 했습니다. 저도 은근 바랐는지도 모르겠습니다. 하은, 하선이만으로도 충분히 감사하고 행복한데도 은연중에 제 마음 안에 저를 닮은 아들이 있었으면, 했던 것 같습니다.

아내는 아이를 가질 준비를 했고 당시 초등학생이었던 하은, 하선이에게 동생이 태어나면 어떨까 물어보았습니다. 하은이는 별말이 없었는데 하선이는 유독 반대를 했습니다. 엄마 아빠의 나이가 있는데 이제 와서 어린 동생을 낳으면 나이 차이가 많이 난다는 것이었습니다.

그러면서 우리가 봉사활동을 다니는 '늘사랑 아동센터'에서 동생을 입양하자는 말을 했습니다. 그 당시만 해도 공개입양을 이야기하던 시절이 아니었고 하은, 하선이 본인들도 입양되었다는 사실을 몰랐을 때인데, 동생을 입양하자는 하선이의 말에 조금 놀랐었지요.

그래도 저는 아내의 몸에서 한 아이라도 출산하기를 바랐습니다. 아기가 태어나면 하선이도 예뻐하며 반대했던 걸 후회할 수 있으니 아내만 결정하면 된다고 생각했습니다.

그런데 아내는 하선이의 반대에는 이유가 있을 것이라며 그 의견에 손을 들어 주었어요. 하은, 하선이의 동생을 위한 가족회의에서 저는 하선이의 '입양'이라는 강력하고 막강한 무기 때문에 한마디도 못한 채 아내와 하선이의 말을 들어줄 수밖에 없었습니다.

저는 마음의 결정을 내릴 때까지 충분히 기도하며 응답받았음을 느낄 때 실행을 하는 반면에 아내는 무언가를 계획하면 바로 실행에 옮기는 사람입니다. 셋째를 입양하기로 결정한 다음 날, 아내는 아이들을 데리고 늘사랑 아동센터에 갔습니다.

하선이가 예쁜 여동생을 데리고 오겠다며 가는데 저는 당황해서 아무 말도 못했지요. 그때도 여전히 아내가 아이를 낳아 주길 기대했었거든요. 환하게 웃으며 다녀오겠다는 세 모녀를 보내 놓고 저는 어안이 벙벙했습니다. 자신의 생각을 정확하게 표현하는 하선이나 하선이의 말이 맞다며 실행에 옮기는 아내나 저에게는 버거운 가족이구나 생각하며 멀어져 가는 아내의 차를 바라보았지요.

늘사랑 아동센터에서 아이들을 보고 온 하선이가 너무 예쁘다며 가능하면 몇 명 데리고 와서 키우자고 신이 나서 이야기를 했습니다. 하은이는 아무 말도 하지 않고 있었지요.

며칠 뒤 우리는 작고 귀여운 하민이를 처음 만났습니다. 구순구개열로 태어나 벌써 수술을 두 번이나 한 아이. 시력이 많이 좋지 않아

눈을 찡그리며 저를 바라보는 하민이는 제 옆으로 쉽게 다가오지 않았습니다.

다섯 살의 작은 아이는 하선이와 하은이의 손을 잡고 우리 집으로 왔습니다. 그런데 동생이 오기를 간절히 기다렸던 하선이는 동생이 오는 순간 역할 끝이었습니다. 구순구개열 때문에 언어장애가 심했던 하민이의 발음을 못 알아 듣겠다며 잘 놀아 주질 않았던 것입니다. 오히려 동생이 오는 과정을 아무 말 없이 지켜보던 하은이가 하민이를 돌봐 주었고, 그때부터 하은이의 역할이 시작되었습니다.

하은이는 하민이에게 입술의 발음을 보라며 정확하게 말하는 걸 알려 주었습니다. 하민이가 하는 말을 잘 못 알아듣는 우리에게 하민이의 말을 알려 주기도 했지요. 언어장애가 심한 하민이를 위해 아내는 언어치료실을 주 2회씩 데리고 다녔습니다. 충남대학교병원 언어치료실에서 집중 검사를 했고 언어장애 2급이라는 판정을 받았습니다. 당시 장애아동을 입양하면 정부에서 만 18세까지 매달 557,000원을 장애아동 양육수당으로 지원하는 제도가 있었습니다.

우리 부부는 많은 고민을 했어요. 그런데 아내가 장애 등록을 하지 않고 정상인으로 키우겠다고 말했습니다. 저는 하선이가 어렸을 때 힘들었던 순간들과 많은 병원비가 들었던 생각이 나서 장애아동으로 등록을 하고 지원 받기를 원했지만 아내의 생각은 확고했어요. 아내는 하나님께서 지극히 정상인 아이를 우리 가정에 보내셨다는 확신을 받았다고 했습니다. 결국 아내는 장애아동 신청을 하지 않았습니다.

발음이 정확하지 않은 하민이는 말하는 걸 두려워하여 시간이 지

날수록 말 없는 아이로 변해 갔습니다. 말수가 줄어드는 하민이를 보면서 저는 걱정이 되었는데 아내는 아무 염려가 없었습니다. 하민이를 입양할 때 하나님께서 주신 말씀을 붙잡고 주님께 더욱 기도하겠다는 아내가 조금은 무모해 보이기도 했지요.

너는 네 떡을 물 위에 던져라 여러 날 후에 도로 찾으리라 전 11:1

세상의 모든 근심, 하다못해 자녀들의 일까지도 모두 주님께 던져 버려야 살 수 있다며 아내는 모든 걸 말씀 안에서 답을 찾으려 했어요. 하민이에게도 "너는 언어장애가 있어서 불편한 아이야"가 아니라 "너는 지극히 정상인 하나님의 자녀야"라고 말해 주었고, 그저 발음이 조금 정확하지 않은 거라며 하민이를 안심시켰습니다. 발음이 정확하지 않은 것은 아무것도 아님을 계속해서 가르쳐 주었습니다.

부모가 아이를 믿고 아이와 함께하며 사랑할 때 아이도 변화되고 있다는 걸 알게 되었습니다. 하민이는 시간이 흐르며 자연스럽게 말하기 시작했고, 의사 표현을 할 수 있게 되니 자주 웃으며 언니들과 즐거운 시간들을 보내게 되었습니다.

결국 문제는 하민이의 발음이 아니라 내 마음가짐이었음을 깨달았습니다. 하민이의 발음은 그대로였지만 내 생각이 변하니 하민이를 더욱 이해하게 되었고, 주님 안에서 우리는 한 가족이라는 걸 알게 되었습니다. 그제야 하민이가 우리 가족이고 제 딸이라는 걸 인정하게 되었습니다. 제 마음의 염려와 근심을 주님께 던져 버렸더니 하나님께서는 아버지의 마음을 제 안에 가득 채워 주셨습니다. 주님이 제게 주신 역설의 은혜를 알게 되었지요.

> 그러나 하나님께서 세상의 미련한 것들을 택하사 지혜 있는 자들을 부끄럽게 하려 하시고 세상의 약한 것들을 택하사 강한 것들을 부끄럽게 하려 하시며 고전 1:27

저는 그때 기독교가 체험의 신앙, 말씀과 삶이 일치하는 신앙임을 깨닫게 되었습니다.

아들과 목욕탕 한번 가보고 싶네유

하민이가 안정을 찾을 즈음 제가 생각 없이 한마디를 내뱉었습니다.

"아들과 목욕탕 한번 가보고 싶네유."

이 말 한마디에 아내는 다음 날 바로 늘사랑 아동센터에 갔고, 하민이보다 더 작고 여린 남자 아이를 품에 안고 데리고 왔습니다. 너무 작고 외소한 아이였습니다. 우리는 사랑 많이 받고 또 받은 사랑을 많이 나누어 주라는 의미로 이름을 사랑이라고 지었지요.

보조신발을 신고 온 사랑이는 두 발이 안짱다리로 태어나 12개월 전에 큰 수술을 두 번이나 받았다고 했습니다. 발목에 큰 수술 자국이 선명하게 남아 있었어요. 걷는 게 부자연스러워 기어 다녔고 걷는 훈련을 계속 해야 하는 아이였습니다. 아내는 기도하며 '사랑이 역시 지극히 정상'이라는 응답을 받았고, 우리는 사랑이를 정상인으로 키우자고 이야기를 나누었습니다.

하민이의 언어장애를 통해 우리가 하민이를 '나와 너'가 아닌 '우리'로 받아들일 수 있었다면, 사랑이의 장애는 '아이의 아픔'이 아닌 '우리의 아픔'이니 가족이 함께 극복하고 이겨 나가라라는 의미로 다가왔습니다. 온 가족이 함께 사랑이와 걷는 연습을 했습니다. 세 누나들의 응원과 격려와 사랑과 지지로 사랑이는 조금씩 걷기 시작했고, 나중에는 우리 부부의 품으로 뛰어올 수 있을 정도가 되었습니다. 심지어 크면서 쇼트트랙 선수를 거쳐 지금은 사격선수로 활약하고 있습니다.

> 야곱아 너를 창조하신 여호와께서 지금 말씀하시느니라 이스라엘아 너를 지으신 이가 말씀하시느니라 너는 두려워하지 말라 내가 너를 구속했고 내가 너를 지명하여 불렀나니 너는 내 것이라 사 43:1

사랑이가 점점 우리 가족으로 적응이 되어 갈 때쯤 우리는 또 한 명의 아이를 데리고 왔는데, 그 아이가 요한이입니다. 베트남 부모님에게서 태어나 우리의 자녀가 된 요한이는 발달장애와 지적장애를 안고 우리 품에 안겼습니다.

처음부터 참 힘들었지요. 자녀 키우는 게 쉽다는 말을 하는 분들이 제일 부러울 정도로 요한이는 정말 힘든 아이였습니다. 초등학교 가기 전에 한글은 알아야 하지 않겠냐며 글자를 가르쳐 주려고 했지만, 요한이는 우리 부부의 기대를 저버리고 공부하는 걸 거부했지요. 책상 아래로 들어가면 하루종일 나오지 않는 요한이를 보며 아내는 요한이를 따라 책상 아래로 내려갔습니다. 책상 아래에서 함께 책을 읽고 간식을 먹었습니다.

6개월 정도 지나니 요한이가 조금씩 우리를 바라보기 시작했습니다. 가끔씩 눈도 마주치고 웃기도 했지요. 요한이가 웃을 때는 세상을 다 가진 것처럼 저도 행복해서 웃었고, 요한이가 슬피 울 때는 제 마음도 산산히 부서지는 것처럼 아팠습니다.

어느 틈엔가 요한이는 저에게 없어서는 안 될 우리 집안의 장남이 되어 있었습니다. 정신이 아프고 마음이 아픈 요한이를 있는 그대로 바라봐 주자며 아이들과 이야기도 했습니다. 내 모습 그대로를 사랑하시는 주님을 바라보며 저도 요한이를 그 모습 그대로 사랑하게 되었습니다. 요한이의 환경은 변한 것이 없지만 제가 변화되고 있음을 또다시 알게 되었어요.

요한이가 우리와 가족이 된 그 해에 크리스마스 선물로 하나님께서는 눈이 부시도록 푸르른 햇살이를 보내 주셨습니다. 밤마다 오줌을 싸는 햇살이 덕분에 새벽 두 시에 불을 환하게 밝히는 집이 되었고, 빨래한 이불이 마르지 않아 방석을 깔고 잠을 자는 날도 있었지만 기쁨이 가득했습니다.

발육이 늦은 건지 발음이 늦은 건지 알 수 없지만 요한이와 사랑이, 햇살이는 모두 언어치료를 받아야 했고, 이미 언어치료를 받고 있던 하민이와 함께 아내는 주 2회 치료실을 다녔습니다. 그럼에도 아내는 힘들다거나 어렵다는 말을 하지 않았습니다. 주님이 주신 약속의 말씀이 있었기에 믿고 기다리며 부모로서 우리가 할 수 있는 일을 실천하기만 하면 된다고 생각했지요.

그렇게 저는 딸 셋, 아들 셋을 둔 가장이 되었습니다. 지금이 가장 환상적인 가족이며 더 이상 입양은 안 하겠다는 무언의 압박을 가하며 가족사진을 찍었습니다. 하지만 아내와 하선이는 우리가 여덟 가족으로 사는 게 부족하다고 생각했나 봅니다. 하선이는 계속해서 동생들을 데려오길 원했고, 아내는 하선이가 원하는 대로 가족을 늘려갔습니다.

하선이가 늘 하는 말이 있습니다.

"난 우리 집 권력 서열 1위야."

그리고 이렇게 말하더군요.

"입양이라는 단어가 없어질 때까지 엄마가 동생들을 다 입양해."

"엄마는 자신 없는데…."

"아니, 엄마라면 할 수 있어. 엄마는 죽어 가는 나도 살려줬잖아."

"그건 하나님께서 하신 일이야."

"하나님께서 엄마의 기도를 들어주셨으니 이번에도 도와주실 거야. 엄마라면 할 수 있어."

"왜?"

"왜냐면 아빠가 뒤에 계시니까. 아빠는 엄마가 하는 일은 뭐든지 함께하잖아."

"결국은 아빠 때문이구나!"

"으하하하! 난 김상훈의 딸 김하선이야."

"나쁜 년."

"엄마는 무식하게 년이 뭐야 년이?"

"그래 이년아. 엄마는 무식하다, 무식해."

두 모녀의 대화를 통해 우리 가족의 인생이 바뀐 거라 저는 둘의 대화를 잊을 수가 없습니다. 초등학교 다니는 어린 꼬마로 인해 가정이 바뀌었으니 하선이가 우리 집 권력 서열 1위 맞네요.

그 후 다니엘, 한결, 하나, 행복이, 최근엔 윤이가 우리 가족이 되었습니다. 그렇게 우리 집은 열한 명의 천국의 아이들, 멋진 아이들을 키우는 대가족이 되었어요.

은성이와의 첫 만남

경기도 신망원으로 초등학교 6학년 남자아이를 만나러 가면서 제 안에 이제는 설레고 떨리는 마음이 없을 줄 알았습니다. 그런데 제 마음은 어김없이 설레고 떨리더군요. '60살이 넘은 늙은 아빠를 아이가 좋아해 줄까? 아이가 날 보고 어떻게 반응할까?' 별의 별 생각을 하며 아이를 만났어요.

아내가 먼저 은성이를 만나고 돌아와서는 아무 말도 하지 않았습니다. 그래도 은성이는 이미 제 아들이라는 마음이 있었기에 괜찮았습니다. 그냥 만나서, 그리고 살면서 아이와 가까워지고 싶었고 가족이 되고 싶었습니다.

멀리서 박명희 원장님과 걸어오는 은성이를 보았습니다. 마치 우리의 아들이 "아빠" 하고 부르며 제게 오는 듯한 착각 속에서 넋을 잃고 바라봤어요. 아들이 제게 걸어오는 시간이 마치 10년은 훌쩍 뛰어넘은 것처럼, 10년 전부터 우리 아들로 살고 있었던 것 같은 느낌을 받았습니다.

눈앞에 서 있는 아들을 보면서 등을 한 대 때리며 "우리 아들!"이라고 말하고 품에 안았습니다. 그게 우리의 첫 만남입니다. 아들과 나가서 자장면을 사 먹었습니다. 이야기를 나누는데도 스스럼없었어요.

"아들, 아빠가 다음에 또 올 텐데, 그때는 더 많은 이야기 나눌까?"

"네."

"너 분명히 '네'라고 말했다?"

"네."

박명희 원장님도 원래 저렇게 금방 마음의 문을 여는 아이가 아닌데 다행이라는 얘기를 해주었습니다. 그렇게 첫 만남부터 우리는 아빠와 아들이 되었지요.

여름방학이 되는 다음 날 저는 아들을 데리러 신망원으로 갔습니다. 방학 기간 동안 우리 집에서 한번 살아 보고 가족이 될 건지를 결정하기로 했습니다. 은성이가 그러더군요.

"저는 운동을 하고 싶어요."

"걱정하지 마. 우리 집은 운동하는 형들이 정말 많아. 방학 동안에 형들하고 여러 가지 운동을 경험하고 마지막에는 은성이가 하고 싶은 운동을 하면 되는 거야."

"네."

아내가 은성이에게 말했습니다.

"은성아, 다른 형들은 비교적 어린 나이에 우리 가족이 되었지만 너는 6학년이잖아. 늦은 나이에 가족과 함께 사는 거잖아."

"네."

"엄마 아빠가 너한테 크게 바라는 거는 없어. 형들이 순해서 너한테 잘해줄 거야. 하지만 다른 거는 몰라도 형제간의 위계질서를 무너트리는 거는 이 엄마가 안 봐줄 거야."

"네."

아내가 은성이와 대화를 이어 갔습니다.

"아들아, 엄마가 처음 만났을 때 한 말 잊지 않았지? 엄마는 지금은 정말 잘해주고 입양이 마무리되면 못해 주는 그런 엄마 아니야. 엄마는 똑같이 할 거야. 처음부터 잘못하면 등짝 때릴 거고, 엄마는 욕도 잘해. 소리도 지를 거야. 그렇지만 평생 엄마의 마음을 다해 사랑할게."

아내의 이야기가 재미있었는지 은성이가 웃었습니다.

"너 웃으니 이렇게 귀여운데 왜 그렇게 안 웃었어?"

"그전에는 웃을 일이 없었잖아요."

"그럼, 웃을 일이 있으면 이렇게 웃는다는 거지?"

"네."

"알았어, 앞으로 웃을 날을 많이 만들면서 살자."

"네."

가족회의

우리 집은 다니엘이 가족으로 오면서부터 가족회의를 했습니다. 결과는 늘 아이가 오는 거였지만 아이들의 반응도 알고 의견을 듣고 싶었기 때문이지요.

은성이가 우리 집에 올 때도 아이들과 회의를 했습니다. 열 명의 아이들의 반응이 모두 달랐습니다.

하은
엄마 나는 반대야. 그렇지만 방학 때 한번 살아 봐. 그 아이가 우리 집 싫다고 할 수 있잖아. 그다음에 결정하면 좋겠어. 미안해, 엄마. 찬성해 주지 못해서.

하선
난 학교 졸업하고 대학병원 간호사 되면 어차피 나가 살 거니깐 엄마가 알아서 해.

하민
엄마, 내가 더 잘해 줄테니 걱정하지 마.

요한
지금 결정 못 하겠어. 방학 때 살아 보고 말하면 안 될까?

사랑
동생 오면 내가 데리고 다니면서 재미있게 놀아 줄게.

햇살
부담은 되지만 우리가 언제 거절한 적 있어?

다니엘
나랑 같이 운동하자.

한결
나 작다고 무시하면 어떡해. 그래도 내가 한 살 더 먹은 형인데, 그래도 잘 해줘야겠지? 내가 형이니까!

하나
어, 형이 또 와? 그럼 우리는 어디서 자?

행복
(아직 얼굴도 안 봤으면서) 난 그 형아 좋아.

열 명의 아이들의 이야기를 들으면서 자신의 생각을 잘 표현해 주어 고맙다고 말해 주었습니다. 늘 미안하고 고마운 큰딸 하은이의 말이 가장 마음에 남았습니다. 아내는 하은이와 늘 카톡으로 이야기를 주고받고 급하면 보이스톡으로 통화를 합니다. 은성이가 가족이 되는 이유로 하은이와 가장 많은 이야기를 나누었지만, 하은이는 한결같이 반대를 했습니다.

"하은아, 넌 늘 동생들이 오는 걸 반대했어."

"그렇지, 엄마. 난 늘 반대야."

"엄마 생각에 너는 동생들과 함께하는 날들이 별로 없어. 거의 외국에 나가 있고 어쩌다 들어온다고 해도 겨우 한 달 정도 있어. 동생들과 시간을 제일 못 보내는 애가 바로 너야. 그런데 왜 그렇게 반대하니. 하선이는 어차피 같이 안 살 거라고 쿨하게 인정해 주었는데."

"내가 평생을 동생 얼굴을 못 본다고 해서 그 아이가 내 동생이 안 되는 건 아니잖아. 일 년에 한 번을 본다고 해도 호적에 오르는 내 동생인 거잖아. 그러니 안 본다고 해서 찬성하고 매일같이 본다고 해서 반대하고 그런 거는 아닌 것 같아. 난 엄마 아빠가 많은 동생들로 힘들까 봐 이제는 그만했으면 좋겠어. 내가 옆에서 도와줄 수 있는 것도 아니고 하선이가 엄마 옆에서 챙겨 주는 것도 아닌데…."

"하은아, 엄마는 하은이가 엄마 아빠를 생각하는 거 너무 잘 알아. 그런데 엄마 아빠는 한 명이라도 더 아이들에게 가정을 선물해 주고 싶어. 보육원에서 아이들이 스무 살이 되어서 퇴소할 때 거리에 그냥 혼자 나와. 그러고는 직장을 잡을 때도, 결혼을 할 때도 아이들 곁에는 아무도 없어. 엄마랑 아빠는 아이들의 옆에 서 있어 주고 싶어. 아이들이 서류를 쓸 때 부모 란이 공란이 아니라 당당하게 엄마 아빠 이름을 넣게 해주고 싶어. 한 명의 아이라도, 단 한 명의 아이라도 할 수만 있다면 그렇게 해주고 싶은 게 엄마 아빠의 마음이야."

"왜…?"

"모두 다 하나님의 자녀들이니까. 주님의 자녀면 엄마 아빠의 자녀이기도 하고."

"알았어. 기도하자. 그렇다고 찬성하는 건 아니야. 먼저 한번 살아보고 결정하자. 엄마, 미안해."

"우리 딸이 뭐가 미안해. 엄마가 늘 미안하지."

"난 항상 찬성하지 않잖아. 맨날 반대만 하는 거 같아서…."

"우리 하은이가 솔직한 거야. 그렇지만 동생들을 보면 늘 잘해 주잖아. 관심도 제일 많이 가져 주고 말이야.”

“내가 동생들 오는 거 반대하지만 진짜 내 동생들이 되고 나면 당연히 잘해 줘야지. 그래서 더 신중하고 싶어.”

“알았어. 하은아 여름방학에 살아 보고 결정하기로 했어. 살아 보고 살기 싫으며 안 살아도 된다고 말했어. 그러니 아직은 염려하지 마.”

“은성이가 살기 싫다고 하면 좋겠다. 그런데 울 집에 들어와 보면 살기 싫다고 안 할 거 같아.”

“그러니?”

“우리 집만큼 재미있는 집도 없어. 다른 집들 보면 다들 대화가 없어. 그런데 우리 집은 얼마나 재미있어. 그러니 은성이도 오면 재밌어서 안 간다고 할 걸.”

“우리 하은이가 우리 집에 대해서 너무 잘 아는구나. 그럼 더 재밌게 지내야겠는 걸?”

“너무 무리는 하지 마. 엄마 아빠도 이젠 늙었어.”

“후훗… 엄마 아빠 생각해 주는 건 오직 우리 하은이 뿐이구나.”

“엄마, 기다려. 내가 학교 졸업하고 유치원에 정식으로 취직되면 그때는 내가 비행기 표 보낼게. 캐나다 와서 한 달 정도 살다 가. 내가 맛있는 거 매일 사 줄게. 그리고 하나와 행복이는 내가 책임질게.”

“하은아, 말만 들어도 너무너무 고맙다. 우리 큰딸 고마워.”

“빈말 아닌 거 알지? 조금만 더 고생해. 나랑 하선이가 성장하고 있으니까.”

“엄마는 너희의 그 마음만 가지고 있으면 돼. 고맙다 하은아.”

2018년 7월 26일, 그렇게 키 168센티미터의 커다란 6학년 은성이와 좌충우돌 동거가 시작되었습니다. 은성이는 가정에서 잘 적응해 갔습니다. 입양하기로 결정한 뒤 절차를 밟기 위해 서울 경기 쪽 입양기관에서 진행했는데 자녀가 열 명이나 되는 우리 집에 입양 서류를 써 줄 데가 없었습니다. 양평에 있는 신망원의 박명희 원장님이 대단한 결심을 하고 은성이를 강릉 자비원으로 옮겨 주었습니다. 그래서 강릉 자비원에서 입양 서류를 진행해 주었고, 은성이는 우리와 함께 살게 되었습니다.

박명희 원장님이 아니었으면 은성이가 우리와 가족으로 살 수 없었을 것입니다. 그걸 너무나도 잘 알기 때문에 고마운 마음을 어찌 갚을 수 없어 박명희 원장님과 아내는 서로가 서로에게 입양되어 주기로 했고, 주님의 은혜로 가족이 되었습니다. 은성이 덕분에 저는 너무나도 멋진 처제가 생겼고, 명희 처제는 은성이로 인해 언니와 형부가 생기는 축복도 함께 맛보았지요.

원장님이라고 불렀던 관계가 이모라고 불리는 관계가 되면서 은성이는 더욱 좋아했습니다.

"엄마, 원장님이 아니라 이모야?"

"응, 이모야. 원장님이 엄마 동생이잖아. 그러니 이모지."

"우와 대박. 진짜 이모지. 원장님이라고 부를 필요 없는 거지?"

"그렇다니까."

"우와, 신난다. 엄마, 입양 서류 제출했어? 빨리 제출해."

"지금 진행하고 있어. 너는 갑자기 원장님이 이모가 된다니까 너무 좋아하는 거 같다. 어째 우리 집에 오는 게 원장님을 이모라고 부르고 싶어서 더 서두르는 거 아니야? 수상하다?"

"아니야, 엄마. 이것도 좋은 데 저것도 좋은 거지. 그런데 원장님이라고 불렀는데 갑자기 이모라고 불러지겠어. 당분간은 그냥 원장님이라고 부를 거야. 무슨 말인 줄 알아, 엄마?"

"안다, 알어, 이눔아."

저는 늘 그렇듯이 아내가 아이들과 대화하는 걸 듣고 있을 때가 참 행복합니다.

내가 큰누나야

며칠 뒤 아내가 하은이와 통화를 했습니다. 그런데 갑자기 한국에 들어오겠다는 겁니다. 하루 꼬박 아르바이트를 하고 학교 공부까지 정신없이 해내고 있으면서 그 일정들은 어쩌고 오려고 하는지 도통 영문을 몰랐습니다. 게다가 왔다갔다 비행기 값도 만만치 않은데 내가 모르는 큰일이라도 있는 건지 걱정까지 됐습니다. 이유를 재차 묻자 하은이가 말했습니다.

“내가 큰 누나인데 은성이를 봐야지. 가족인데 함께하는 시간은 가져야 하잖아.”

동생이 누구인지 궁금해서 한국에 오고 싶어 하는 누나의 마음이 고스란히 전해져 반대하지 못했습니다. 들어오지 말아라, 힘들다, 돈 들어간다 하는 세상적인 말을 할 수가 없었습니다.

결국 하은이는 동생을 보기 위해 지구 반대편에서 날아왔습니다.

“나, 하은 누나야. 은성이지? 누나는 자주 볼 수 없지만 그래도 네 누나야.”

“응, 누나. 나는 은성이야.”

짧은 일정 동안 하은이는 동생들과 자전거 여행을 하며 가족이 함께일 때 빛이 난다는 걸 알게 해주었고, 동생들과 강릉 중앙시장에서 어묵과 호떡을 먹으며 가족의 정은 뭐니 뭐니 해도 먹는 데서 생긴다는 걸 알게 해주었죠. 하은이는 캐나다에서 힘들게 번 돈으로 동생들에게 인기 영화 캐릭터가 그려진 티셔츠를 한 장씩 사주면서 누나의 위력은 역시 지갑을 여는 데 있다는 걸 알게 해주었습니다.

꿈 같은 시간을 보내고 하은이는 캐나다로 돌아갔습니다. 며칠 후 아내가 하은이가 보낸 문자 메시지를 제게도 보내 주었습니다.

> 엄마 나 내일부터 데이케어에서 보조 교사로 일한다.
>
> 캐나다에서 공부하고 이제 진짜 내가 꾸는 꿈대로 한 발짝 한 발짝
>
> 나아가는 게 눈에 보인다.
>
> 주님께 감사해서 기도하는데 엄마의 눈물을 주님이 보게 하시더라
>
> 엄마 이젠 우릴 위해서 울지 마
>
> 이제는 내가 엄말 위해서 기도하며 울게
>
> 엄마의 눈물의 기도로 우리가 잘 성장하는 거 난 알아
>
> 그래서 더 고맙고 사랑해
>
> 난 꼭 엄마 아빠에게 받은 그 넓은 사랑 나누며 살 거야
>
> 주님이 내게 주신 사명임을 믿어
>
> 엄마 사랑해

아내는 하은이의 열한 줄의 글을 읽으며 주저앉아 엉엉 울었어요. 감사해서, 미안해서, 사랑해서…. 그동안 아이들을 키우면서 할 수 있는 게 성전에 엎드려 기도하는 거밖에 없었는데, 그렇게 기도한 지난 일을 하은이가 다 기억하고 있었다면서 아내는 열심히 울고 또 울었습니다. 기도로 키운 자녀는 결과가 선하다는 어른들의 말씀이 이런 거구나 깨달으며 오직 기도뿐임을 고백하는 순간이었습니다.

얼마 후 강릉 법원에 서류를 넣은 지 한 달도 안 되어서 은성이의 입양을 허가한다는 통지서를 받았습니다. 이렇게 빨리 진행되었다는 건 분명 많은 분들의 기도 덕분이기도 했고, 또 하나님의 뜻이라고 여겨져 너무나 감사했습니다.

은성아, 엄마가 미안해

큰 아이를 가슴에 품으며 무조건 행복하다고 말할 수는 없었습니다. 잘 결정했다고 행복하지만도 않았지요. 우리 아이들과 더불어 감사하다는 고백도 처음엔 나오지 않았어요. 은성이의 있는 그대로를 인정하고 받아들이겠다고 말은 했지만 마음은 그러지를 못했지요. 늘 "싫다"고 말하는 은성이에게 아내는 소리를 지르고 화도 냈습니다. 좋은 거는 뭐가 있느냐고 짜증을 내기도 했어요. 저는 이번에도 은성이의 교육은 아내에게 전적으로 믿고 맡겼습니다. 말이 맡긴 거지 아내 뒤에 숨었다는 게 맞는 표현이겠지요.

그런데 어느 날 아주 중요한 것을 발견했어요. 아내가 화내고 소리 지를 때 은성이가 웃고 있다는 걸 알게 된 것입니다. 처음에는 엄마가 화가 났는데 웃는 걸 보면서 '일부러 그러나?' 생각도 했지요. 그런데 다음 번 화를 냈을 때도 웃고, 그 다음에 아내가 "이시끼가"라면서 욕을 했는데도 웃고 있었어요. 너무 궁금해서 물어봤습니다.

"은성아, 너는 엄마가 화가 나서 소리를 지르는데 웃고 싶냐? 그러면 엄마가 더 화가 날 거 같은데?"

"아빠, 나는 엄마가 나한테 소리 지를 때가 좋아."

예상치 못했던 대답에 깜짝 놀랐습니다.

"뭐라고?"

"엄마가 나한테 막 소리 지르고 욕하고 화낼 때가 너무 좋다고."

"아니, 세상 천지에 큰소리로 욕 듣는 게 뭐가 좋다 그러냐?"

"아빠, 난 그런 엄마가 있어서 진짜 좋아."

환하게 웃으면서 돌아서는 은성이를 보고 저는 아무 말도 할 수가 없었습니다. 은성이는 있는 그대로의 엄마를 좋아하고 있다는 걸 알게 되었습니다.

아내에게 은성이와 나눈 대화를 얘기하였는데 아내의 표정이 어두워졌습니다. 아내는 늘 은성이를 형들과 비교했습니다. 형들은 저렇게 말도 잘 듣는데 너는 매사가 왜 그렇게 삐딱하냐, 왜 말만 하면 거짓말이냐, 어른이 얘기를 하면 다소곳이 들을 줄을 알아야지 하면서 화내고 욕하고 짜증을 냈습니다. 그럴 때마다 은성이는 "싫은데~", "내가 왜 그래야 하는데~?", "안할 건데~" 하면서 약올리듯 말했고, 아내는 또 그게 거슬려 하지 말라고 핀잔도 많이 줬었지요.

그런데 그런 아내의 화가, 아내의 짜증이, 아내의 핀잔이 좋다며 은성이가 환하게 웃더라는 제 이야기를 듣더니 아내는 주저앉아 회개를 했습니다. "이런 나도 엄마라고, 엄마가 있어서 좋다고 말하는 은성에게 너무 미안해"라며 아내는 한참을 울었습니다. 그리고 은성이를 안아 주며 말했습니다.

"은성아, 미안해. 엄마가 미안해. 우리 아들, 엄마가 미안해."

저도 아내의 뒤에서 은성아, 미안해라는 말을 수도 없이 했지요. 우리 부부는 은성이의 겉모습만 보던 바보 부부였습니다.

하은성이 김윤이 되다

은성이는 원래 이름 그대로 '김은성'으로 살고 싶다고 말해서 아이의 의견을 존중해 주고 싶었습니다. 그런데 하루는 은성이가 주민등록 등본을 보더니 열 명의 누나 형 동생들은 모두 한글 이름인데 자기 이름만 한자라는 걸 알게 되었어요.

"엄마, 내 이름만 한자네."

"응. 그래서 엄마가 한글 이름으로 바꾸라고 했는데 니가 싫다고 해서 그냥 뒀어. 근데 네 이름 한자로 쓸 줄은 아냐?"

"모르지."

"자랑이다, 이 자식아."

한참 등본을 보던 은성이가 뭐라고 중얼중얼 거리더군요.

"진짜 이건 아니다. 이건 아니야. 엄마, 이건 진짜 아니야."

"너는 만날 뭐가 그렇게 아니야."

"엄마, 아무래도 나 이름을 바꿔야 할 것 같아."

"아니 왜? 계속 그 이름 가지고 간다면서?"

"등본을 보니까 이건 아닌 것 같아."

은성이는 우리 집에 올 때부터 사격을 하고 싶어 했고, 그래서 사격 선수 등록을 하려던 참이었습니다. 그런데 나중에 이름을 개명해서 바꾸려면 절차가 복잡했기 때문에 신중하게 결정할 필요가 있었지요.

"엄마, 한 글자로 바꾸면 어떨까?"

"그래, 그것도 괜찮겠다. 우리 집 열 번째가 하나니까 너는 영 하면 되겠다. 김영. 우와, 이름 멋지지 않아?"

은성이 표정이 갑자기 심각해졌습니다.

"엄마."

"왜?"

"그건 아니지. 영은 진짜 아니야."

"왜? 엄마는 너무 좋은데? 영은 아무것도 없는 거잖아. 아무것도 없는 상태에서 무언가를 채워 간다는 의미로 영. 영적인 주님의 세계에 발을 담근다는 의미로 영. 진짜 좋다."

"아니야. 다른 거는 없어?"

여러 가지 의견이 나왔어요. 단, 본, 진 등. 한 글자로 하고 싶다는 은성이 생각에 맞춰 저도 몇 의견을 내놔 봤습니다. 그런데 은성이 마음에 드는 이름은 없었나 봅니다.

"이건 어때? 윤. 김윤. 엄마 아빠 성 하나씩 해서 김윤이야."

그렇게 은성이는 윤이로 다시 태어났습니다. 이제 정말 우리 아들이 된 것 같아 저도 그 이름이 마음에 들었습니다. 아내도 윤이라는 이름이 아내의 성을 따온 것이라 마음에 들었나 봅니다.

며칠 후에 윤이의 초등학교 졸업식이 있었습니다. 윤이가 그렇게나 좋아하던 사천초등학교의 졸업식 날, 전학 온 지 5개월 만에 윤이는 두 개의 상장을 받고 브이를 날리며 자랑스럽게 졸업을 했습니다.

졸업식을 마치고 집에 오니 윤이가 종이 한 장을 쓱 내밀었습니다.

"이거 뭐야?"

"그냥, 졸업식이라 한번 써 봤어."

"우리 아들이 별걸 다 하네. 졸업하고 엄마한테 편지도 다 쓰고. 다 컸네, 다 컸어. 아들아, 배울 게 없다. 이제 그만 하산하거라."

"뭐, 집을 나가라고? 나가면 어디로 가? 나는 갈 데가 없는데~ 그냥 여기서 엄마 아빠 괴롭히며 쭈욱 살건데~."

편지를 주고도 엄마 말에 깐죽이며 장난치는 윤이에게 아내도 지지 않고 장난으로 응수하면서 투닥투닥하다가 편지를 펼쳤습니다.

엄마, 아빠.

하은성이 김윤이 되면서 그냥 편지 써 보는 거야.

그전에는 우리 집에 오고부터 입양이라는 말이 이렇게

좋은 말인 줄 처음 알았어.

그래서 난 우리 집에 입양 온 게 진짜 좋아.

처음에는 불편한 게 많았는데 지금은 절대 불편한 게 없어.

초등학교 졸업하면서 더욱 느낌이 와.

난 정말 좋아. 입양 와서 좋아.

우리 집으로 와서 좋아.

누나들도 착하고 형들도 잘해 주고 동생들도 귀여워.

엄마, 아빠가 가장 좋아.

엄마, 그냥 다 좋아.

아빠, 난 아빠가 정말 좋아.

그래서 난 우리 집이 좋아.

입양이 이렇게 좋은 거를 알았어. 내가 잘할게.

변하고 있으니까 기다려 줘. 엄마 아빠 고마워.

엄마 아빠의 멋지고 잘생긴 김윤이가

2019/1/11/금

얼마 전 하은이의 짧은 글로 인해 이렇게 행복해도 되냐고 울며불며 주님께 감사의 고백을 올려드렸는데, 윤이의 글을 보면서 주님께서 우리가 한 가족이 된 것을 기뻐하시고 지켜주고 계신다는 확신을 갖게 되었습니다. 자녀는 부모의 능력이나 힘, 물질로 키울 수 없음을, 오직 주님께서 주시는 말씀과 기도와 순종으로 양육되어짐을 다시 한 번 온몸으로 깨닫는 시간이었습니다.

엄마, 아빠~

하은성이 김윤이 되면서 그냥 편지 써보는거야

그전에는 우리 집에 오고부터 입양이라는 말이 이렇게
좋은 말인줄 처음알았어

그래서 난 우리 집에 입양 온게 진짜 좋아

처음에는 불편한게 많았는데 지금은 절대 불편한게
없어 초등학교 졸업하면서 더욱 느낌이 와
난 정말 좋아 입양돼서 좋아
우리집으로 와서 좋아

누나들도 착하고 형들도 잘해주고 동생들도 귀여워

엄마, 아빠가 가장 좋아

엄마 그냥 다 좋아

아빠 난 아빠가 정말 좋아

그래서 난 우리집이 좋아

입양이 이렇게 좋은거를 알았어 내가 잘할게,
변하고 있으니까 기다려줘 엄마, 아빠 고마워

엄마 아빠의 멋지고, 잘생긴 김윤이가
2014/1/10/금

윤아~ 아빠 좀 업어 줘

윤이를 만나기 위해 캐나다에서 온 하은이

"가족의 정은 먹는 데서 생기는 거야~"

윤이 졸업식

윤이가 우리 집에 와서 처음으로 드리는 십일조

궁금한 게 있어요

Q 형제가 많지 않고 한두 명으로 자라는 아이의 경우 사회성이 약할까 봐 염려됩니다. 형제자매가 많지 않아도 다른 사람을 배려할 줄 알고 주변과 잘 어울리는 아이로 양육하려면 어떻게 해야 할까요?

A 자녀가 다방면으로 친구들을 사귈 수 있도록 돕기를 권하고 싶습니다. 특히 스포츠 동아리 활동을 추천하고 싶어요. 요즘은 학교에서 스포츠 한 종목 정도씩은 마스터하도록 많은 도움을 줍니다. 학교 수업이 끝난 후 공부만 하게 한다면 자녀들이 다양한 친구를 사귈 기회가 줄어들 수 있습니다.

자녀가 한두 시간 정도 동아리 친구들과 땀 흘리며 운동을 하면 사회성이 저절로 길러지지요. 주말에는 잘 어울리는 서너 가정과 교제하면서 자연스럽게 부모들과 자녀들이 운동이나 취미 활동을 함께하면 더 좋을 것 같습니다. 어울려 식사하는 시간까지 가지면 관계를 맺는 데 큰 도움이 되지요. 특히 말수가 줄어드는 사춘기 자녀들이 있다면 운동이나 다른 가족과의 교제를 통해 사회성을 기르는 데 많은 도움이 됩니다.

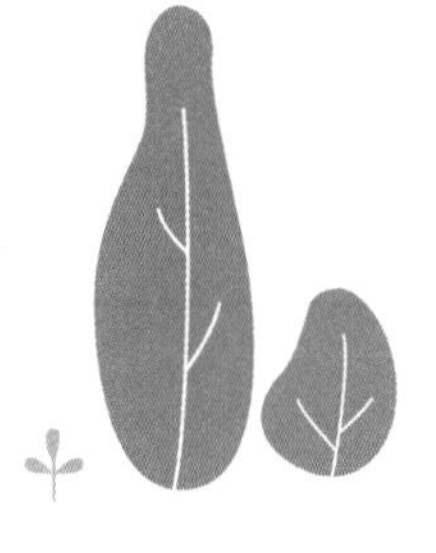

2부

학교 밖에서 배우는 것들

#3장

길 위의 학교, 자전거 여행

섬김에서 시작한 자전거 여행

아내만큼은 아니지만 저는 아이들과 어울려 노는 걸 참 좋아합니다. 아이들과 함께하면 에너지를 전달받는 것 같은 느낌이 듭니다. 한시도 가만있지 않는 아이들과 24시간 함께할 수 있는 것 중 하나가 자전거 여행입니다. 아이들이 어렸을 때는 자전거를 타고 동네 몇 바퀴 돌면서 시간을 보내기도 했지요. 그러다가 자전거 여행을 계획하게 되었는데, 그 계기가 있습니다.

한번은 자전거를 타고 육교를 넘어가는데 리어카를 끌고 가시는 할아버지를 보았습니다. 우리 아들들이 일곱, 여덟 살이었을 때였지요. 뭐라고 말하지도 않았는데 하은이가 먼저 자전거에서 내리더니 동생들에게 모두 따라오라고 하더군요.

"아빠, 저 할아버지 도와드려야겠어."

저는 생각지도 못했는데 하은이는 동생들을 데리고 할아버지의 리어카를 뒤에서 밀어드렸습니다. 그 모습을 멍하게 지켜보다 정신

차리고 달려들어 함께 리어카를 밀었지요. 앞에서 리어카를 끌던 할아버지가 놀라 뒤를 돌아보시더니 환하게 웃으셨습니다. 아이들과 힘들게 리어카를 올리다가 다시 아래로 내려갈 때는 제가 앞으로 가서 할아버지 대신 리어카를 끌었습니다. 육교를 다 내려오고 난 뒤에 고맙다며 손을 흔드시는 할아버지에게 인사를 드린 뒤 우리는 누가 먼저랄 것도 없이 자전거가 있는 곳으로 뛰어갔습니다.

우리 자전거는 나란히 세워져 있었습니다. 그 순간 '우리 가족은 길 위에서 더 많은 시간을 보내겠구나' 하는 생각을 하게 되었습니다. 우리 가족 길 위의 여행의 시작을 알리는 날에 주님께서는 할아버지를 보내 주셨고, 인자에게 물 한 그릇 대접함이 나에게 한 것이라는 성경 말씀을 알게 하셨습니다. 우리는 그 후로도 길 위에서 만나는 한 분 한 분을 소중하게 생각하는 마음을 가지게 되었습니다.

아내는 늘 아이들에게 말합니다. 섬김과 나눔은 몸에 배어 있어야 한다고요. 저도 아내의 말에 전적으로 동의합니다. 이유는 예수님께서 이 땅에 오신 것은 섬김을 받기 위해서가 아닌 섬기기 위해 왔다고 말씀하셨기 때문입니다(막 10:45). 성경 안에 섬김이라는 단어가 자그마치 1,400번이나 나온다고 합니다. 성경은 우리 가족에게 "이렇게 살아라"라고 말해 주는 삶의 지침서라는 걸 더욱 알게 되었습니다.

역쉬 장남! 요한이

강릉으로 이사온 후 아이들이 좋은 기운을 받아 조금씩 건강해지기 시작했습니다. 건강해지는 아이들과 함께 속초까지 자전거 여행을 계획했습니다. 아직은 초등학생인데 무리하는 것은 아닌지 조금 염려되었지만 아이들이 할 수 있다며 저를 더욱 부추겼습니다.

강릉에서 속초까지 한 번에 갈 수 없는 거리이기에 양양을 경유하기로 마음먹고 2박 3일 자전거 여행을 준비했습니다. 여행을 위해 한 달 전부터 아이들과 날마다 자전거를 타고 예행연습을 했습니다. 토요일에 주문진까지 다녀오기도 했고, 자전거를 타고 아이들과 등교하기도 했습니다. 한 달 정도의 연습을 마치고 드디어 약속한 시간이 다가왔습니다. 그런데 저의 염려와 불안은 더욱 커졌습니다. 결국 '할 수 없다'라는 부정적인 생각까지 들어왔습니다.

염려로 가득 차 여행 일정을 미루기로 마음먹고 아이들과 가정 예배를 드렸습니다. 예배 중에 자연스럽게 자전거 여행에 대한 저의 생각을 이야기했지요. "아이들이 아직 어리고 거리가 멀어 무리일 것 같아 자전거 여행을 미루었으면 좋겠다"고 말했습니다.

갑자기 요한이가 가정 예배 때 나눈 성경 말씀을 읽기 시작했어요.

9 두 사람이 한 사람보다 나음은 그들이 수고함으로 좋은 상을 얻을 것임이라 10 혹시 그들이 넘어지면 하나가 그 동무를 붙들어 일으키려니와 홀로 있어 넘어지고 붙들어 일으킬 자가 없는 자에게는 화가 있으리라 11 또

두 사람이 함께 누우면 따뜻하거니와 한 사람이면 어찌 따뜻하랴 12 한 사람이면 패하겠거니와 두 사람이면 맞설 수 있나니 세 겹줄은 쉽게 끊어지지 아니하느니라 전 4:9-12

"아빠, 우리는 열 겹줄로 묶여 있는데 왜 걱정해? 우리는 할 수 있어!"

모두 다 할 수 있다는 비장한 표정을 하는 아들들을 바라보며 초등학교 3학년 아이들의 믿음만도 못한 저를 바라보게 되었습니다.

염려와 걱정이 한가득인 아빠를 말씀으로 가르쳐 준 요한이는 작년까지 해마다 연회에서 주최하는 성경 암송 대회에서 일등을 하는 아이이지요. 말씀이 내 안에 함께하면 염려와 근심 걱정이 도전하는 믿음으로 변한다는 걸 깨닫게 되었습니다.

요한이로 인해 회개와 반성을 하고 난 뒤 아이들과 한마음으로 자전거 여행을 진행했습니다. 여행에는 18개월 된 행복이도 함께하기로 되어 있었습니다. 아내는 장마가 오고 있으니 행복이를 놓고 가는 것이 좋겠다고 했지요. 그러나 제 자전거 앞에 아기용 안장까지 다 붙여 놓은 상태라 그러기에는 행복이에게 미안했습니다.

하민, 요한, 사랑, 햇살, 다니엘과 막내 행복이를 데리고 자전거 여행을 시작했습니다. 강릉 집에서부터 양양 가는 길에 열 번 정도는 쉬었나 봅니다. 오르막도 있고, 비탈진 곳과 차가 쌩쌩 지나가는 위험한 지역도 있었습니다. 제가 앞에서 이끌고 하민이가 제일 뒤에서 동생들을 격려했습니다.

오르막길에서는 사실 저도 굉장히 힘들었습니다. 행복이까지 태우고 오르막길을 올라간다는 게 쉽지 않았어요. 그러나 제 뒤에 다섯 명의 아이들이 저만 따라오는 걸 보면서 더욱 힘을 내어 페달을 밟았습니다.

목적지였던 양양까지 어떻게 갔는지도 모르겠습니다. 숙소에 도착한 우리는 모두 누워 꼼짝도 하기 싫을 정도로 힘이 들었습니다. 저녁에 아이들과 둘러앉아 하루의 일에 대해 이야기를 나누었지요.

"우리 아들들, 아빠 잘 따라오더라. 아빠는 너희가 너무 자랑스러웠어."

그러자 요한이가 말했습니다.

"아빠, 우리 진짜 힘들어서 그만 가자고 말하고 싶었는데 중간에 포기하기 싫어서 아빠 자전거 따라 끝까지 온 거야."

"우리 아들 요한이가 어느새 이렇게 컸어? 동생들 잘 다독여서 여기까지 왔구나. 역쉬 장남이다!"

"헤헤. 아빠, 이제는 나도 장남 역할 잘하지?"

"그래, 우리 아들."

요한이와 대화하던 중 눈물이 핑 돌았습니다. 요한이는 입양 당시 지능이 낮고 발달 장애가 있었지요. 학교를 원래 학년으로 보낼 수 없어서 한 살 아래인 사랑이, 햇살이와 함께 보낼 정도였어요. 동생들과 함께 학교 다니는 요한이를 보면서 마음도 많이 아프고 늘 안쓰러웠습니다.

요한이는 늘 혼자 노는 걸 좋아했습니다. 대화를 할 때 눈도 안 마주치고 혼잣말하기를 좋아했죠. 가족들과 함께하는 자리에서도 따로 앉곤 해서 아내가 항상 옆으로 데리고 와서 앉혀야 했습니다. 정신없이 장난을 치다가도 어느 순간에 눈을 돌리고 말도 안 하고 화가 난 것 마냥 고개를 돌리던 요한이. 어디에 있는지조차 모르게 있다가 갑자기 툭 튀어나와 동생들을 괴롭히던 아이. 그런 요한이가 너무 의젓해져서 순간 '우리 요한이가 맞나?'란 생각을 했습니다.

요한이는 어느 날 갑자기 좋아진 것이 아닙니다. 꾸준히 조금씩 자신의 문을 열고 가족들을 한 명 한 명 받아들이기 시작했습니다. 그러면서 어느새 우리 집 장남 자리에 의젓하게 앉아 있었어요. 참으로 오랜 시간이 걸렸지만 절대 포기할 수 없는 아들이었습니다.

더 많이 아픈 아이일수록 부모의 손이 많이 간다고 하는데, 요한이가 그랬습니다. 마음고생도 많이 하고 손도 많이 간 아들이었죠. 하루가 멀다 하고 병원을 다녔고, 물리치료와 놀이치료, 미술심리치료, 언어치료를 병행했으며, 아토피 피부염 때문에 정말 힘든 어린 시절을 보냈습니다.

그랬던 아들이 지금은 수재라는 소리도 듣고 발달장애를 이겨내 자신이 하고 싶어 하는 길을 걷겠다며 공부도 열심히 하고 있습니다.

"아빠 운다. 얼레리 꼴레리~."

다니엘이 눈물짓는 저를 보면서 장난을 쳤습니다.

"아빠 우는 거 아니야. 눈에 뭐가 들어간 거지."

"내가 봤는데, 아빠 울었거덩~."

"아빠 안 울었다. 이놈들이!"

우리는 어느 틈에 한데 어우러져 서로를 잡고 잡히며 행복한 한때를 보냈습니다. 18개월의 어린 행복이도 함께 깔깔거리며 노는데 천국이 따로 없다는 생각이 들었습니다. 웃음이 있고 아이들이 있고 행복이 있는, 하나님이 계신 이 자리가 이미 천국임을 깨달았습니다.

1 여호와를 경외하며 그의 길을 걷는 자마다 복이 있도다 2 네가 네 손이 수고한 대로 먹을 것이라 네가 복되고 형통하리로다 3 네 집 안방에 있는 네 아내는 결실한 포도나무 같으며 네 식탁에 둘러앉은 자식들은 어린 감람나무 같으리로다 4 여호와를 경외하는 자는 이같이 복을 얻으리로다 5 여호와께서 시온에서 네게 복을 주실지어다 너는 평생에 예루살렘의 번영을 보며 6 네 자식의 자식을 볼지어다 이스라엘에게 평강이 있을지로다 시 128편

아이들과 시편 128편 말씀을 외우며 잠자리에 들었습니다.

아빠 등만 보고 따라갔어

다음 날 우리는 쏟아지는 비를 맞으며 속초로 향했습니다. 비를 맞으며 자전거 페달을 밟으면서 뭐가 그리 좋은지 우리는 연신 깔깔 웃으며 달리고 달렸습니다. 제 앞에 앉은 행복이까지 빗방울이 얼굴에 떨어지는 걸 보며 까르르 웃었습니다.

양양에서 속초 영랑호까지 20km 구간이라 자전거로 두 시간이면 넉넉할 거리인데도 비가 오고 어린 아이들이라 세 시간이 조금 넘게 걸렸습니다. 목적지에 도착하자 비는 어느새 그쳐 있었습니다. 맑은 하늘의 경치를 보며 우리는 무사히 도착했다는 마음에 서로를 격려하며 "할 수 있다"라는 말을 하기 시작했습니다.

하민이가 말했습니다.

"아빠, 나는 여기까지 못 올 줄 알았어. 근데 아빠가 앞에서 먼저 가니까 아빠 등만 보고 따라갈 수 있었어."

"하민아, 아빠는 너희가 잘 따라와 주는 것만 봐도 더욱 힘이 나서 페달을 밟을 수 있었어. 부모가 어떤 상황에도 힘을 낼 수 있는 건 바로 자식들 때문이야. 아빠는 너희와 함께면 뭐든지 할 수 있다는 걸 또 느꼈어."

그러자 사랑이가 지지 않고 말했습니다.

"아빠 나도 쇼트트랙 열심히 해서 강원도 대표 선수할 거야!"

"그래, 그래. 사랑이도, 다니엘도 운동 열심히 해서 우선은 도 대표 되자! 우리 아이들 파이팅!"

"아빠 파이팅!"

우리는 서로를 격려하며 안아주고 다시 양양으로 향했습니다. 양양 숙소로 돌아와 아이들과 등을 기대 누워서 하루의 일들을 이야기 나누며 잠이 들었습니다.

다음 날 우리는 아내가 기다리고 있는 강릉 우리 집으로 페달을 힘껏 밟았습니다. 아내는 미리 교회 주차장에 나와 있었고, 우리는 아내 주변을 자전거를 타고 빙글빙글 돌면서 승리의 기쁨에 환호했습니다.

신이 난 아이들이 모두 자전거에서 내려 엄마 주변으로 모여 서서는 여행 중에 있었던 이야기들을 쏟아 내기 시작했습니다.

"우리 아들들, 그 사이 더 성장해서 돌아왔네! 다들 얼굴이 더 새카매졌어. 우리 행복이는, 아이고 더 큰 것 같아. 다들 뭐가 제일 재미있었니?"

아내도 아이들을 바라보며 연신 물어보고 아이들도 엄마와 재잘재잘 하며 밤새는 줄 몰랐습니다.

그런데 우리 가족의 첫 자전거 여행이 끝나기 무섭게 아이들이 말했습니다.

"아빠, 다음에는 삼척으로 가자. 정금자 교육장님이 삼척에도 오라고 하셨잖아."

정금자 교육장님은 요한이가 다니던 초등학교 교장선생님이셨습니다. 아내는 정금자 교육장님을 요한이의 설리번 선생님이라고 표현할 정도로 요한이에게는 둘도 없는 은인입니다. 아이들은 자전거를 정리하지도 않았는데 다음 여행을 계획하고 있었습니다.

"맞아 맞아. 나도 삼척에 가고 싶어. 다음에는 삼척이다."

내가 난감해하자 아내가 거들었습니다.

"담에는 내가 중간까지 함께해 줄게유. 그럼 좀 수월하지 않을까유?"

"마누래가 그래 주면 뭐는 못 하겠남유. 담에는 하루라도 함께해유."

"우와아, 신난다. 다음에는 삼척이다!"

우리의 다음 여행 계획은 이렇게 시작했습니다.

사실 아이들과 이렇게 먼 거리를 자전거로 완주할 거라고는 생각도 못 했습니다. 그저 양양 정도까지만 다녀와도 반은 성공했다고 생각했었죠. 아이들은 중간에 포기하지 않았고, 저도 아이들과 끝까지 다녀오자는 생각이 가득했기에 가능했던 일이었어요. 마음먹기에 따라 뭐든지 할 수 있다는 귀한 교훈을 남겼습니다.

길 위에서 배우는 '우리'의 의미

기나긴 여름의 끝자락에 지난여름 아이들과 한 약속을 지키고 싶었습니다. '이번엔 삼척이다'라는 여행 제목을 가지고 아이들과 자전거를 조금씩 손보기 시작했습니다. 이번에는 한결이까지 동참하여 인원이 한 명 늘었습니다.

동해에서 하룻밤을 자고 삼척으로 넘어가는 계획을 세웠습니다. 동해항까지는 아내가 에스코트 해주고, 그곳에서 하룻밤을 자고 다음 날 일찍 삼척으로 가서 삼척교육청 정금자 교육장님 댁에서 하룻밤을 보낸 후에 강릉으로 넘어오는 코스를 계획했습니다.

이번 여행은 '서로가 서로에게 힘이 되어 주는 여행'으로 부제목을 붙이기도 했습니다. 이유는 동해와 삼척을 넘어가려면 길이 워낙 꼬불거리고 오르막, 내리막길이 많다 보니 서로 협력하고 도와주지 않으면 힘들어질 것이 분명했습니다. 그래서 '나보다는 너, 너보다는 우리'라는 마음을 아이들에게 심어 주는 게 더 중요했습니다.

두 달여 정도를 토요일마다 정동진까지 자전거로 예행연습했고 오르막길을 꾸준히 오르는 연습을 했습니다. 아이들이 힘들어할 때마다 "여행을 포기 할래?"라고 물어보기도 했지요. 그럴 때마다 아이들은 "할 수 있어!"라며 더욱 힘을 냈습니다.

드디어 삼척을 향해 도전하는 대망의 아침이 되었지요. 힘든 길을 가기 위해 준비하는 데도 저와 우리 아이들은 모두 얼굴이 상기되어 있었고 너무나도 즐거워했습니다.

하나님 앞에 서는 그날까지 우리가 걸어가야 할 인생길이 서로가 서로에게 힘이 되어 주는 삶이라는 생각을 하게 됩니다. 저는 하나님을 알면서 나 혼자 잘 먹고 잘사는 것이 아니라 서로에게 도움이 되어 주는 삶을 선택했습니다. 그러기에 우리 가족의 자전거 여행도 서로에게 힘이 되어 주는 여정이길 바라며 교회 주차장 마당에서 아이들과 끌어안고 기도를 드렸습니다.

"하나님, 우리 아이들과 걸어가는 길 위의 모든 여정을 지켜 주시고 함께해 주세요. 길 위에서 우리 아이들은 사람들을 만날 거고, 길 위에서 밥을 먹으며 배고픔과 배부름을 알게 될 거고, 길 위에서 비바람을 맞으며 자연이 주는 혜택을 알게 될 것입니다. 길 위에서 한 걸음 한 걸음 내딛으며 인생을 배우길 원합니다. 매 순간 우리와 함께하시는 주님을 보길 원합니다. 예수님 이름으로 기도합니다. 아멘."

우리 부부는 무슨 일을 하든 어떤 순간에 있든, 우리 아이들이 주님만을 바라보길 원하는 마음으로 기도합니다. 작은일, 큰일에도 늘 주님께 구합니다. 기도 안에서 일하시는 주님을 아이들이 보길 원하는 마음으로 간절하게 구합니다.

우리 마음껏 사랑하며 달려갑시다

자전거 여행을 시작하며 기도하는데 이 자리에 서 있는 이 순간이 참 감사했습니다. 사랑하는 아내가 있고 저를 무조건 믿고 지지해 주는 우리 아이들이 있어서 너무 감사했습니다. 아이들과 함께 더 많이 감사하며 살고 싶은 순간에 아내를 바라보았습니다. 환하게 웃고 있는 아내를 보면서 제가 아내를 참 많이 사랑하고 있음을 느꼈습니다. 아내를 처음 만나 결혼하고 네 번의 유산을 겪으면서도, 그리고 우리 아이들의 부모로 살아가는 이 순간도 저는 늘 아내를 신뢰하고 사랑합니다.

아내가 저와 함께 있으면 저는 힘도 더 세지는 것 같습니다. 더 믿음직한 가장이고 싶고, 아내의 든든한 버팀목이 되고 싶습니다. 저는 늘 아내와 함께하고 싶고, 아내를 향한 사랑꾼으로 살기를 바랍니다. 이번 여행에는 그런 아내와 하루를 동행합니다. 아내가 우리와 동행한다는 것 자체만으로도 저는 너무나 설레어 이번 여행을 더 기쁜 마음으로 준비했습니다.

스타렉스 안에 간식, 라면, 물통, 아내가 좋아하는 커피까지 완벽하게 챙기고 우리는 동해로 향했습니다. 아내는 비상 깜빡이를 켜서 우리 자전거 부대를 보호하며 달려 주었고, 우리는 아내의 보호 속에서 멋지게 자전거를 타며 달리고 달렸습니다. 옆에 아내가 있다는 이유만으로도 힘든 줄 몰랐고 아이들도 더욱 신이 나서 자전거 페달을 밟았습니다. 힘든 오르막도 가뿐하게 넘어 우리는 망상해변에 도착했습니다.

늦은 점심을 위해 라면 물을 올리면서 아내를 보았습니다. 아내는 아이들과 바다를 바라보고 있었습니다.

> 남편들아 아내 사랑하기를 그리스도께서 교회를 사랑하시고 그 교회를 위하여 자신을 주심같이 하라 엡 5:25

주님이 제게 주신 성경말씀을 암송하면서 아내와 아이들을 바라보는데 눈시울이 붉어졌습니다. 세상에서 나처럼 행복한 남자가 있을까란 생각을 하며 감정이 복받쳐 올라 차 안에 들어가서 물이 끓을 때까지 울었습니다. 아이들이 달려와서 저를 놀리기 시작할 때까지도 제 울음은 그치질 않았지요.

"어, 아빠 운다. 엄마, 아빠 울어!"

"진짜다. 엄마, 아빠 울어!"

아이들이 모두 엄마에게 제가 운다고 고자질했습니다. 발갛게 충혈된 눈을 하고 아무렇지도 않은 척 라면을 끓였습니다. 그때 아내가 제 곁에 와 이야기했습니다.

"하은 아빠, 난 하은 아빠의 눈물의 의미를 알 것 같애유. 우리 마음껏 사랑하며 주님이 우리에게 주신 이 사명 잘 감당하다 난중에 주님 만날 그날에 기쁨으로 달려갑시다. 까짓 거 인생 뭐 별거 있남유? 우리의 길 열심히 달려가 봐유."

"그려유. 난 마누래만 옆에 있으면 뭐든지 다 할 수 있구먼유. 마누래, 고마워유."

"하은 아빠는 맨날 뭐가 그렇게 고맙대유? 고마운 거로 치면 내가 더 고맙구먼유."

"이 순간도 참 고맙구먼유. 가족이 함께 주님의 길을 걸어가고 있는 이 자체만으로도 고마운 거쥬."

그때 아이들이 몰려들었습니다.

"아빠, 라면 줘. 라면."

아이들의 라면 성화에 짧은 순간 라면 파티가 벌어졌지요. 서로에게 라면을 담아 주고 국물을 나눠 마시며 다 먹은 그릇을 치우면서 라면 하나 가지고도 서로를 위하고 나누며 이렇게 행복할 수 있다는 걸 느끼며 우리는 인생의 귀한 순간을 하나님의 말씀 안에서 배우고 있었습니다.

> 16 가산이 적어도 여호와를 경외하는 것이 크게 부하고 번뇌하는 것보다 나으니라 17 채소를 먹으며 서로 사랑하는 것이 살진 소를 먹으며 서로 미워하는 것보다 나으니라 잠 15:16-17

아이들과 자전거 여행을 하면서 항상 알아가는 게 있습니다. 어디를 가서 어떤 걸 먹고 지내는지가 중요한 게 아니라 아이들과 함께 일정을 공유하며 길을 떠난다는 사실이 중요하다는 것입니다. 그런 의미에서 소중한 가족과 자전거 페달을 밟으며 속도를 조정하고 자연환경을 내 마음 안에 담을 수 있는 자전거 여행은 우리 가족에게 많은 의미를 부여해 주고 있음을 알게 되었지요.

그래서 자전거 여행이 참 좋습니다. '가족이 함께하면 무슨 일이든 할 수 있다'는 것을 깨닫게 하면서도 '나만의 귀한 사색의 시간을 가질 수 있다'는 두 가지 장점이 있으니까요. 그래서 우리 가족은 아직도 자전거 여행을 늘 계획합니다. 언젠가 온 가족이 자전거로 전국 일주하는 날을 꿈꾸면서요.

이해하려 하지 말고 인정하세요

우리는 정착지인 강릉 항을 향해 또 자전거 페달을 밟아야 했습니다. 저녁 늦게 도착한 우리는 스타렉스 옆에 자전거를 세워 놓고 의자를 뒤로 젖히고 좁은 자리에 지그재그로 포개서 누웠습니다.

행복이는 배 위에서 벌써 잠들어 있었고 우리는 차 안에 누워서 밤하늘의 별을 바라보았습니다. 그때 요한이가 아내와 나눴던 대화가 기억에 남습니다.

"엄마, 별이야. 별."

"요한아, 우리 아들 요한이가 엄마랑 별 보러 밤중에 많이 돌아다닌 거 기억해?"

"응, 엄마. 밤중에 잠이 안왔을 때 엄마가 데리고 나와 별 보여줬잖아."

"어릴 때 보던 별과 지금 보는 별이 어떠니?"

"어릴 때 보던 별은 그냥 이리저리 돌아다니는 거 같았어. 그런데 지금 보는 별들은 다들 가는 길이 있는 것 같아. 가고 싶은 곳을 향해 가는 거 같아."

"오호, 우리 아들이 무슨 생각으로 저런 깊이 있는 말을 할까?"

"내가 마음이 흔들리고 힘들 때는 잘 몰랐던 일들이 편안해지고 좋아지면서 알게 되는 게 있어, 엄마."

"우리 아들이 정말 많이 성장했구나. 그저 엄마 아빠 힘들게만 하던 옛날의 요한이가 아닌데?"

“에이 엄마. 옛날의 요한이는 잊어 줘.”

“아들아, 엄마는 지금의 요한이도 엄청 멋지지만 그전의 요한이도 멋있었다고 생각해. 우리 아들 요한이가 힘들었던 지난 시간들을 이겨 주었기에 지금의 요한이가 있게 된 거거덩. 그러니 엄마는 그전의 요한이도, 지금의 요한이도, 미래의 요한이도 모두 다 사랑하고 소중하게 여길 거야.”

저는 아내가 아이들과 이야기를 주고받을 때 옆에서 가만히 듣고 있을 때가 참 행복합니다. 아내는 아이들과 이야기를 하든, 저와 함께 이야기를 나누든 있는 그대로를 표현합니다. 아이들이나 저에게도 있는 그대로를 표현하라 이야기합니다. 아내의 자유로운 표현력 때문인지 아이들도 감정 표현하는 데 자유롭다는 생각을 합니다.

한때는 저도 요한이를 이해해 보려고 발달장애 아동에 관한 책도 읽으며 나름 공부도 하고 노력을 했습니다. 그런데 그때 아내는 내게 “있는 그대로의 요한이를 인정하고 바라보자”고 말했죠.

‘이해’와 ‘인정’이 다르다는 것을 시간이 흐른 뒤에야 알게 되었어요. 아이를 이해하는 건 그냥 이해로 그쳤습니다. 틱 장애로 산만한 요한이를 보며 ‘그래, 요한이는 저럴 수 있어’라며 이해하려고 노력하곤 했는데, 그냥 이해로만 그치니 저도 한계가 오고 있었습니다. 그런데 아내의 말대로 이해보다는 요한이 모습 그대로를 인정하고 나니 아이를 더욱 사랑하게 되었습니다.

성경 안에 모든 해답이 있음을 알게 되면서 요한이를 더욱 주님께 맡기고 기도와 말씀 중심적인 삶을 살고자 노력했지요. 그러면서 요한이도 성장하고 있는 걸 알게 되었습니다.

> 예수는 지혜와 키가 자라가며 하나님과 사람에게 더욱 사랑스러워 가시더라 눅 2:52

예수님의 성장 과정을 보면서 우리 자녀들도 육체가 성장하며 함께 내면의 영적인 세계도 하나님의 사람으로 바르게 잘 자라야 함을 느낍니다. 성경 말씀 안에서 요한이를 부지런히 양육했더니 말씀이 능력이 되고 생명이 되어 요한이를 변화시키기 시작했습니다. 예수님은 하나님의 아들이며 우리를 구원하시는 구주이심을 고백하자 하나님이 말씀을 통해 알려주었지요. 아내는 요한이의 모든 순간 주님께서 함께해 달라고 기도하며 매달렸습니다. 아내와 요한이는 믿음으로 고난을 이겨 내고 있었지요.

요한이의 내면의 아픔을 인정하고 요한이의 모든 부분을 사랑하며 요한이와 함께 걸어가는 아내를 보면서 저는 아내가 참으로 존경스러웠습니다. 요한이가 저렇게 자신의 생각을 자연스럽게 이야기하는 아이로 성장할 수 있었던 비결은 무조건 아내의 기다림이란 걸 압니다.

요한이와 아내의 대화를 들으며 우리는 밤하늘의 별을 보며 한두 명씩 잠들었습니다.

끊임없는 인내가 마음의 병을 고칩니다

다음 날, 아내와 행복이는 강릉으로 돌아갔습니다. 아내와 함께한 어제는 힘든 줄 모르고 신이 나서 페달을 밟았는데 오늘은 어쩐지 기운이 빠지고 재미가 없다는 생각이 들었습니다. 내 마음을 알아챘는지 하민이가 말했습니다.

"아빠, 어제보다 오늘은 더 힘들어. 오늘은 엄마가 가서 그런지 재미가 없어."

다니엘이 맞장구를 칩니다.

"맞아, 맞아. 그래서 가족은 함께 있어야 좋은 거야."

한결이도 말합니다.

"나도 엄마가 보고 싶어."

"한결아, 엄마랑 헤어진 지 몇 시간도 안 지났어."

"어제는 엄마가 차 안에서 우리를 지켜 줬잖아."

가족이 아무리 많다 해서 한두 명 빠져도 괜찮은 것이 아니었습니다. 가족은 함께일 때 더욱 빛이 난다는 걸 알게 되었습니다.

그리움을 안고 우리는 무사히 삼척 정금자 교육장님 댁에 도착했습니다. 교육장님은 기쁜 마음으로 반겨 주셨고, 아이들 한 명 한 명을 축복하며 안아 주었습니다.

정금자 교육장님이 임곡초등학교 교장으로 계실 때 당시 초등학교 1학년이던 요한이가 그 학교로 전학을 갔습니다. 강릉에서 임곡초등학교까지는 자차로 40분 정도 걸리는 먼 거리의 학교였지요. 이전 학교 담임선생님이 요한이를 어려워하셨고, 아내는 거리가 멀어도 아이들이 시골에서 닭 키우고 고구마 캐는 학교로 전학 보내자고 했습니다. 그러면서 자연스럽게 임곡초등학교를 알게 되었고 교장선생님이 우리 교회 권사님이라는 것도 들었습니다. 우리는 무작정 학교를 찾아가 바로 요한이를 전학시켰습니다.

정금자 교장선생님은 먼 거리의 학교를 선택해 준 것에 감사해서 우리 아이의 등하교를 책임져 주셨습니다. 선생님은 요한이에게 교장선생님이 아니라 편안하고 좋은 친구로 다가가 주셨습니다. 등하교를 하며 그 시간에 최대한 요한이와 편하게 대화를 유도하셨고 길거리의 간판을 함께 읽으며 요한이가 무얼 좋아하는지 계속해서 지켜봐 주었습니다.

요한이는 전교생이 21명인 작은 시골 학교에 흥미를 보이기 시작했습니다. 학교 행사에 조금씩 참여하기도 했고, 어떤 것에도 관심을 보이지 않던 아이가 닭장에 들어가서 닭 모이를 주기도 하면서 사물에 조금씩 관심을 보이기 시작했습니다.

요한이는 교장선생님과 차를 타고 등하교하며 대화하는 시간을 즐거워했고 소중하게 생각했습니다.

"아빠, 교장선생님이 나보고 똑똑하대."

"요한이가 이제야 빛을 보는구나. 우리 요한이는 정말 똑똑한 아들이야. 그동안 그 똑똑함을 감추고 살았던 거지."

"똑똑함이 어떻게 감춰지는 건데?"

"밖으로 표현이 안 되었던 거야. 우리 아들이 원래 지적 수준이 떨어지는 아들이 아닌데 표현을 안 하고 사니까 사람들이 잘 몰랐던 거야. 이제부터 우리 아들이 표현하니 생각하는 것도 알게 되고 너무 좋은데?"

"아빠, 난 정금자 교장선생님이 너무 좋아. 선생님과 얘기를 하고 있으면 정말 신나. 그 전에는 선생님들은 모두 무섭다고 생각했어. 나에게 소리치고 무섭게 하는 사람들이 전부 선생님이었으니까. 그런데 정금자 교장선생님은 나에게 진짜 잘해주셔. 내가 말을 할 때까지 기다려 주시고 내 손을 끝까지 잡아 주셔. 나도 정금자 교장선생님 같은 선생님이 될 거야."

요한이는 자신을 믿고 기다려 주고 진심으로 함께하시는 분들과는 잘 지냅니다. 그분들이 자신을 예뻐해 주고 많이 사랑해 주시는 걸 알지요.

하지만 요한이는 어려서부터 선생님을 굉장히 어려워했습니다. 교회학교 선생님도 호칭 때문에 불편해했지요. 지금도 요한이는 선생님이란 호칭이 붙은 분과는 사귀는 데 시간이 오래 걸립니다. 또 요한이의 마음이 불편하거나 어려운 분들이 계시면 마음의 문을 잘 열지 않아서 그분들도 요한이를 어려워합니다. 그리고 대화를 하지 않고 눈을 마주치지 않으니 반항적인 아이라고 오해하기도 하지요.

아내는 어디를 가거나 누구를 만날 때 요한이에게 늘 당부를 합니다. "요한아, 어른과 이야기할 때는 꼭 눈을 마주치고 말해. 그리고 요한이가 얼마나 멋진 아들인지 보여 주렴"이라고요.

그럴 때마다 요한이는 선하게 웃곤 합니다. 마음이 병든 아이들을 키우는 데는 끊임없는 인내가 필요함을 요한이를 통해서 알게 되었습니다. 가끔은 지칠 때도 있고, 이렇게까지 참아야 하나 할 때도 있었습니다. 부모와의 대화도 외면하며 고개를 돌리는 요한이를 볼 때는 순간적으로 제 안의 혈기도 올라왔지요.

마음을 다스리며 참을 수 있었던 원동력이 정금자 교육장님이셨습니다. 늘 밝은 모습으로 아이들을 바라보시고 참아 주시며 인내해 주시는 이 분을 보면서 아버지인 내가 못 참고 못 기다릴 게 뭐가 있을까 하고 생각할 수 있었습니다.

우리 가족의 기도의 동역자가 되어 주신 정금자 교육장님은 제주 오겹살로 육의 양식도 푸짐하게 대접해 주셨지요. 밤이 늦도록 아이들과 게임하고 그 많은 이야기를 다 들어 주시며 우리 가족의 마지막 날 자전거 여행을 빛내 주셨습니다.

우리는 무사히 2박 3일의 동해 삼척 자전거 여행을 마치고 아내가 기다리고 있는 집으로 돌아왔습니다. 늘 먼저 마당에 나와 있는 아내의 주변을 자전거로 빙빙 돌고 있는 아들들의 키와 마음이 한 뼘씩 더 자랐다는 걸 알 수 있었습니다.

아들들과 저를 향해 두 손 흔들며 환하게 웃고 있는 아내를 보면서 저는 세상에서 가장 행복한 사람임을 알 수 있었습니다. 사람의 행복은 결코 멀리 있는 게 아님을, 내가 욕심 부리지 않고 열심히 노력하고 감사함으로 하루하루를 살아가는 것이 행복한 삶임을 알게 되었습니다.

자전거 여행을 통해 아이들과 라면을 끓여 먹으면서 저는 만족하는 삶을 배웠습니다. 아이들의 밝은 미소를 통해 세상을 다 가진 것 같은 풍족함을 알았습니다. 아빠를 믿고 따라와 주는 아이들로 인해 저는 행복한 아빠가 되었습니다. 이 모든 걸 알게 해주신 하나님께 저는 고백했습니다. 제가 서 있는 이 자리가 주님이 계신 천국이라고요.

자전거와 함께 성장한 아이들

올해 여덟 살 된 행복이는 또래 아이들보다 운동신경이 더욱 발달했습니다. 야구도 잘하고, 축구도 잘하고, 탁구도, 배드민턴도 아주 잘합니다. 행복이도 형들처럼 자연스럽게 운동을 먼저 하게 되었습니다.

행복이가 자전거를 너무 잘 타서 함께 경포호수를 돌았습니다. 형들과 함께 경포호수 한 바퀴를 도는 행복이와 함께 소나무 숲길을 따라 안목항까지 다녀왔습니다. 기분 좋게 완주하는 행복이를 보면서 조금씩 욕심이 생기기 시작했습니다. 이번엔 주문진까지 가 보자며 형들과 함께 주문진을 향해 출발했습니다.

"우와 행복이 잘 타는데? 멋지다 우리 집 막내!"

내가 행복이를 칭찬하자 형들도 맞장구를 쳤습니다.

"진짜 행복이 잘한다!"

"행복아, 형은 일곱 살에 겨우 집 앞에서 자전거 타고 놀았어. 너처럼 이렇게 오래 타진 못 했어."

형들이 한마디씩 격려하자 행복이는 신이 나서 더욱 페달을 밟으며 주문진으로 향했습니다. 어린 행복이가 형들과 자전거 순서를 맞추어 타고 가는 걸 바라보면서 아내가 한 말이 생각났습니다.

"우리 아이들의 엄마로 살아가는 이 순간이 행복해."

이번에는 제가 그 말을 했습니다.

"하나님, 열한 남매의 아빠로 살아가게 해 주신 이 순간이 행복이고 감사입니다."

성장하는 아들들을 보면서 저는 제가 늙어 간다고 생각하지 않습니다. 제 인생은 하나님 앞에서 성숙하게 익어 가고 있습니다. 성장하는 아들들과 익어 가는 제 삶 안에 늘 하나님께서 함께하고 계십니다. 아들들이 제게 친밀하게 다가오는 걸 보면서 저도 더욱 친밀하고 다정하신 하나님을 바라봅니다.

그래서 아내가 아이들은 자기 삶에 교사이고 스승이라고 했나 봅니다. 저 역시 아내와 같은 고백을 하게 되었습니다. 아이들은 제 인생의 교사이고 스승임을, 제 인생의 동반자임을 하나님께 고백합니다.

지난 10년 동안 아이들과 달렸던 자전거는 길 위의 학교의 교과서입니다. 우리 아이들과 함께 걸어 온 낡은 교과서가 우리 집 주차장 옆에 세워져 있습니다. 어느 곳에서도 배울 수 없었던 길 위의 시간들을 알게 해준 자전거. 자전거는 우리 가족의 또 다른 학교임을 알게 되었습니다.

길 위의 학교에서

인생은 가족과 함께하는 즐거운 여행

궁금한 게 있어요

Q 자녀들과 마음껏 뛰어놀거나 함께 활동하고 싶은데 북적북적 도시에서는 쉽지 않습니다. 자전거 여행이 좋은 방법이기는 하지만 잘 타지 못할 경우 다른 활동을 추천해 주세요.

A 자전거 여행이 쉽지 않다면 자녀들과 함께 집 주변 버스 혹은 지하철을 타고 가족이 함께 여행해 보는 것도 참 좋지요. 평소에 가보지 않았던 지역이나 소문난 장소 등을 정해서 한 달에 한 번 토요일에 김밥이나 간식을 같이 준비한 뒤 간다면 좋은 추억이 될 것 같습니다.

요즘은 각 가정에 자가용이 있어서 대중교통을 이용하는 경우가 많지 않지요. 또 아이들이 등하교를 하거나 학원 등으로 이동할 때 부모가 자가용으로 태워 주니까 더욱 버스나 지하철을 활용하는 경우가 많지 않더라고요. 가족이 함께 버스를 타고 주변 지역을 관광하며 스스로 지역의 특색을 찾기 위해 먼저 학습하고 찾아나서는 일을 한다면 지식도 쌓이고 가족애가 더욱 돈독해지지 않을까요.

#4장

'함께'를 배우는 곳, 가정

집도 핵교유~

아이들이 초등학교 고학년으로 올라가면서부터 우리는 고민에 빠졌습니다. 저학년 때는 대화만 해도 받아들이고 납득하던 아이들이 고학년에 올라가면서 "왜?"라고 질문하기 시작했습니다. 말씀 안에서 살아가는 부분에 관해 "왜?"라고 질문하면 함께 이야기를 나누며 풀어 갈 수 있는데, 세상적인 문화에 관해 "우리는 왜 그거 안 돼?"라고 물어보니 대답을 해주는 데 한계가 있었습니다.

"왜 우리 집만 아이들이 핸드폰이 없어야 해?"

"왜 우리 집은 텔레비전을 안 보는데?"

"왜 우리는 컴퓨터를 안 하는 거야?"

"왜 우리는 게임을 하면 안 되는데?"

질문을 수도 없이 쏟아붓는 아이들을 바라보며 아내와 저는 기도하며 주님의 지혜를 구했습니다. 학교에서 친구들과 어울리며 지내는 시간이 많아질수록 아이들은 세상 문화를 더 즐거워하고 재미있어

했습니다. 주일에 교회에 가서 예배드리면 월요일까지는 교회에서 배운 노래를 불렀는데 화요일부터는 친구들이 부르는 랩이나 요즘 인기 있는 아이돌 노래를 더 많이 따라 부르기 시작했죠.

그러나 우리는 무조건 "부르지 마라", "세상을 따라하면 안 된다"고 말하지 않았습니다. "안 된다", "하지 마라"라는 말이 많아질수록 아이들은 반항하려고 했습니다. 우리는 그저 아이들의 모습을 지켜보며 주님께 지혜만을 구했죠. 그러고는 아내와 이야기를 나누었습니다.

"마누래, 지금은 아이들을 그냥 지켜보구만 있는데, 앞으로 어쩌쥬?"

"글쎄유, 하은 아빠는 어쩌구 싶나유?"

"난 우리 아이들이 중학교 올라가기 전에 일 년 정도는 가정과 교회 안에서만 자랐으면 좋겠네유. 그래서 부분적으로 6학년은 홈스쿨을 했으면 좋겠구먼유."

"그럼, 하은 아빠가 아이들 델꾸 다니며 공부도 하고 운동도 시키고 해야 하는데 할 수 있겠남유?"

"괜찮아유. 마누래가 도시락을 싸는 게 힘들지만 않다면 중학교 올라가기 전에 아이들과 함께 지내면서 이야기도 많이 나누고 싶구먼유."

저는 아이들과 함께하는 모든 시간들이 참 소중합니다. 6학년에 올라가는 요한이에게 홈스쿨에 대한 소중함을 이야기했습니다. 중학교 올라가기 전 일 년은 세상 교육이 아닌 가정교육과 성경 안에서 지혜를 구하며 편안하게 공부하면 어떨지 아이에게 물어보았습니다. 다행히도 요한이는 처음부터 홈스쿨 하는 걸 좋아했고 별 무리 없이 받아들였습니다.

홈스쿨을 하면서 우리는 대화를 많이 나눴습니다. 점심식사 후 아산병원 주변을 산책하며 성경 인물에 대해 이야기를 하였고, 그리스도인의 삶에 대해 진솔하게 대화도 나누었지요.

"아빠는 요한이가 참으로 대견하고 자랑스러워."

"아빠, 알아. 아빠가 날 자랑스러워하는 거."

"그래? 어떻게 알아?"

"지난번에 장로님이 원목실에 오셨는데 나 인사시키면서 공부도 잘하고 착하고 예쁘다고 자랑했잖아."

"그걸 기억해?"

"그럼, 아빠가 자랑해 줄 때 기분이 좋더라."

"우리 아들은 충분히 자랑할 만해. 잘 자랐잖아. 지금이 중요한 시기야. 마음 안에 무엇이 자라느냐에 따라 인생도 달라져."

"아빠, 걱정 마. 하은 누나가 며칠 전에 우리한테 말했어. 세상의 문화를 사랑하지 말라고. 우리는 친구들에게, 미디어에게 하나님의 문화를 너무 많이 뺏기고 있다면서 우리가 하나님을 믿지 않는 세상 속에서 사는 이유는 그리스도인의 삶을 전하기 위해서라고 말했어."

"하은 누나가 너희에게 참 좋은 말을 해주는구나."

"응, 아빠. 누나가 이제는 외국에 안 나가고 우리랑 같이 살았으면 좋겠어."

"누나는 꿈이 있잖아. 아빠는 너희 한 명 한 명 마음 안에 가진 꿈이 있다면 그 꿈을 향해 도전하게 하고 싶어. 길지 않은 이곳에서의 삶에 너희가 하고 싶은 일을 하도록 살게 해주고 싶어. 그게 엄마 아빠의 몫이기도 하구."

"알았어, 아빠. 하은 누나 말처럼 하나님의 문화만을 알고 사랑하도록 노력할게."

아이들과 대화를 할 때마다 느끼는 거지만 저는 아이들이 공교육의 틀 안에 있는 것도 소중하지만 때에 따라서는 그 틀을 벗어나 조금은 자유롭게 자신의 길을 걸어가는 것도 좋다고 생각합니다. 그런 의미에서 홈스쿨을 택한 것이 참 바른 선택이었다는 생각이 듭니다. 아이가 배워야 할 지식은 인터넷 강의를 통해서도 알 수 있고 여러 학습지를 통해서도 익힐 수 있지만 가정 안에서 형제자매와 함께하며 배우는 교육도 굉장히 중요함을 느낍니다.

저는 늘 아이들에게 이렇게 이야기합니다.

"집도 핵교유~!"

너 '혼자'가 아니라 '함께'하는 공부

요한이의 일 년의 홈스쿨은 제 삶에도 많은 변화를 일으켰습니다. 하나님께서는 가정에서도 충분히 아이들을 양육할 수 있고, 성경과 교과과정을 병행하여 학습할 수 있다는 자신감과 도전을 심어 주셨습니다.

요한이와 자기주도학습에 도전했습니다. 오전에는 요한이가 하고 싶은 걸 찾아서 공부하는 습관을 들이도록 함께 노력을 했지요. 저는 좋은 직장을 가지기 위해 공부를 잘하는 아이로 키우기보다는 공부를 통하여 바른 삶을 살기를 강조했습니다.

콜롬비아대학 입학사정관제에 영향을 미치는 요인이 무엇인지를 연구했더니 부모의 가치관이 가장 중요하다는 결과가 나왔다고 합니다. 부모의 가치관이 공부를 결과로 생각하느냐, 과정으로 생각하느냐에 따라 자녀의 공부하는 습관도 달라진다는 것입니다. 전자의 부모들의 자녀는 성적, 즉 결과만을 가지고 스스로를 평가하고 학벌과 인기 있는 직업을 목표로 삼는 반면, 후자의 부모들의 자녀는 학업을 더 큰 목표를 향해 다가가는 징검다리로 생각하므로 꿈의 크기에서 차이가 난다고 발표했습니다.

요한이에게도 그저 어떤 직업을 가지기 위한 학업이 아닌 요한이가 하고 싶은 일을 하도록 격려했습니다. 그러기 위해 저도 요한이와 함께 노력했습니다. 먼저 공부하는 아버지가 되어 요한이와 함께 공부했습니다. 요한이와 함께 수학 문제를 풀었고 함께 영어 단어를 외우기 시작했습니다. 무엇을 하든 '너혼자 해'가 아닌 '함께하자'는 것으로 요한이와 소통했습니다.

공부를 해야 하는 이유의 기초가 주님의 자녀로서 말씀 안에서 더욱 강건해지는 것이길 바랐기에 우선 말씀 양육을 했습니다.

> 5 너는 마음을 다하고 뜻을 다하고 힘을 다하여 네 하나님 여호와를 사랑하라 6 오늘 내가 네게 명하는 이 말씀을 너는 마음에 새기고 7 네 자녀에게 부지런히 가르치며 집에 앉았을 때에든지 길을 갈 때에든지 누워 있을 때에든지 일어날 때에든지 이 말씀을 강론할 것이며 8 너는 또 그것을 네 손목에 매어 기호를 삼으며 네 미간에 붙여 표로 삼고 9 또 네 집 문설주와 바깥 문에 기록할지니라 신 6:5-9

점심식사 후에는 요한이와 함께 많은 시간을 보냈습니다. 어제 한 말을 오늘 또 하면서도, 그리고 내일도 같은 말을 할 텐데도 우리는 마치 처음 주고받는 대화인 것처럼 매 시간 행복해했고 함께 많은 이야기를 나누었습니다.

자전거를 타고 함께 경포호수를 돌기도 했고, 돕고 있는 독거 어르신 가정들을 요한이와 수시로 돌면서 어르신들과 이야기도 나누었지요. 어느 날 요한이가 그러더군요.

"아빠, 난 아빠랑 이야기하는 게 참 좋아."

무척 기뻤습니다. 저절로 나오는 웃음을 참으며 물었습니다.

"그래? 뭐가 좋은데?"

"학교 친구들과는 대화가 잘 안 됐었어."

"친구들과는 주로 무슨 이야기를 했는데 대화가 안 되었던 거야?"

"학교에서 친구들은 주로 게임 이야기를 해. 그리고 대화도 길지가 않아. 간단하게 한 두 마디만 하면 끝이야. 다들 핸드폰만 가지고 놀아."

요한이의 말이 이해가 되었습니다. 우리 집 아이들은 핸드폰도 없고 게임도 하지 않으니까요.

"우리 요한이는 그런 모습이 어떤 것 같아?"

"가끔은 나도 핸드폰이 있으면 좋겠다 싶지. 애들이 다 가지고 있잖아. 아빠 진짜로 학교에서 우리 집 애들만 핸드폰이 없어."

"다 가지고 있는 핸드폰이 너희만 없으니 얼마나 가지고 싶고 힘들었겠냐. 특히 다니엘은 욕심도 많은데 참는 게 쉽지 않았겠다. 그래도 요한이는 엄마한테 핸드폰 사달라고는 안 하잖아."

"나야 뭐…. 처음엔 나도 핸드폰이 가지고 싶었어. 그런데 이렇게 아빠랑 함께 홈스쿨 하니까 이런 시간이 참 좋아. 핸드폰이 내 손에 있었다면 아마 아빠와의 이런 시간을 싫어했을 것 같아. 지금은 가족과 함께 시간을 보내는 게 더 좋아."

아직 어린 나이인데도 어른 못지않게 성숙한 요한이의 말에 홈스쿨 하기를 참 잘했다는 생각이 들었습니다. 무조건 불평하지 않고 그 안에서 참된 깨달음을 얻고 있는 요한이가 기특하기만 했지요.

"아들아, 너희는 부모가 아무리 잡고 싶어도 언젠가는 성장해서 세상에 나가게 되어 있어. 세상에 나가기 전에 엄마 아빠는 너희에게 참

된 교육의 의미를 알려 주고 싶어. 물론 참된 교육이 핸드폰 안 갖는 게 다는 아니지만 아까 요한이가 말한 것처럼 친구들과의 대화나 놀이, 운동들이 핸드폰 때문에 거의 사라지고 있다는 게 아빠는 안타까울 뿐이야. 요즘 아이들이 친구들과 어울려 노는 자연스러움을 핸드폰이나 인터넷을 보느라 잊고 사는 건 아닌지 그게 염려가 돼."

"아빠, 걱정 마. 우리는 운동도 많이 하고 이야기도 많이 나누고 함께 책도 보니까 어린 시절의 정서를 잃어버리지는 않을 거야."

우리는 자전거 페달을 밟으며 경포호수를 한 바퀴 돌았습니다.

나도 홈스쿨 하고 싶었어

요한이가 일 년의 홈스쿨을 마치고 중학교에 진학을 하면서 6학년이 되는 햇살이가 뒤를 이어 홈스쿨을 했습니다. 햇살이와 동갑인 다니엘과 사랑이는 쇼트트랙 강원도 대표 선수로 운동을 해야 해서 홈스쿨을 할 수 없었지만 각자의 개성과 삶이 있으니 아이들에게 맞추어야 한다는 생각이 들었습니다.

햇살이와도 홈스쿨을 하면서 자연스럽게 이야기를 많이 나누었지요.

"아빠, 나도 6학년이 되면 요한이 형처럼 집에서 홈스쿨을 하고 싶었어."

"우리 햇살이는 어떤 부분에서 홈스쿨을 가장 하고 싶었던 거야?"

"나 학교 다녀오면 요한이 형이 있었던 일을 많이 얘기해 주었어. 아빠랑 자전거 타고 노는 거랑 야외에서 도시락 먹는 거랑 산책하는 거랑 엄마랑 여행 다니는 게 진짜 부러웠어."

"그래? 다 노는 거네. 우리 아들은 놀려고 홈스쿨 하는 거야? 홈스쿨이라는 말 자체가 집도 학교라는 뜻이야. 그러니 집에서도 학교에서 가르쳐 주는 공부는 병행을 해야 해."

"공부는 오전에 하고 오후에는 내가 하고 싶은 걸 할 수 있잖아. 나도 요한이 형처럼 기타도 배우고 공부 아닌 다른 걸 많이 배우고 싶어."

"우리 아들이 홈스쿨에 대한 환상이 너무 큰데? 생각보다 재미없을 수도 있어."

"재미없어도 한 번은 경험하고 싶어. 언제 이런 경험을 할 수 있겠어?"

햇살이는 그렇게 기대하고 고대한 홈스쿨을 무사히 마쳤고, 사랑이와 다니엘이 다니는 사천중학교에 진학을 했습니다. 그리고 한결이가 6학년이 되었습니다.

한결이도 형들처럼 당연히 홈스쿨을 기정사실로 받아들였습니다. 아니, 햇살이와 마찬가지로 홈스쿨 하는 형들을 부러워하면서 이날만을 기다리고 있었습니다.

"아빠, 아빠. 난 진짜 홈스쿨을 하고 싶었어. 혹시나 내가 6학년 됐을 때 홈스쿨을 못 하면 어떡하나 걱정할 정도였어."

"아들, 그렇게 홈스쿨이 하고 싶었어?"

"응. 학교 갔다 오면 형들이 엄마랑 아빠랑 놀았다고 말할 때 제일 부러웠어. 그리고 형들이 엄마 따라 대전가거나 엄마 친구들 만나러 갔다 와서 재밌었다고 말하면 진짜 부러웠어."

"너희는 아빠랑 공부하는 게 부러운 게 아니라 엄마랑 노는 게 부러운 거야?"

"응, 아빠. 공부보다는 노는 게 더 좋아."

"이거 안 되겠네. 올해부터는 홈스쿨 하면서 공부를 빡세게 시켜야 할 거 같애."

옆에서 한결이와의 대화를 듣던 아내가 말했습니다.

"아이고, 하은 아빠. 공부는 안 해도 돼유. 공부는 잘하는 애들만 하는겨. 공부가 무슨 인생의 전부라고 공부만 시키남유? 그냥 놀면 되지. 안 그냐, 울 아들?"

"맞아, 맞아, 엄마. 공부는 조금만 하고 놀면 되는겨."

"그래? 그럼 잘됐다. 이번 기회에 이제 아빠는 공부는 안 가르칠란다. 홈스쿨 안 하고 병원에서 사역만 할란다. 잘됐네."

"하은 아빠, 그런다고 그런 걸루 뭘 삐지고 그러슈."

"아니, 내가 언제 삐졌다구…."

"삐졌네, 삐졌어. 얘들아 아빠 삐졌지?"

"응, 맞아 맞아. 아빠 삐졌나 봐?"

"아니 너희까지?"

"하하하."

"히히히."

아내는 똑같은 말을 해도 유머감각이 뛰어난 사람입니다. 힘든 일이 있어도 웃으면서 잘 감당을 하지요. 그래서 아내는 모든 일을 힘들게 감당하는 게 아니라 즐거워서 하는 것 같습니다.

집안일도 각자 개성에 맞춰 함께하기

아이들을 키우면서 각자가 가지고 있는 특징들이 있음을 알게 됩니다. 아이들이 가지고 있는 특징에 맡게 역할 분담을 하는 건 늘 아내의 몫입니다.

한결이는 무얼 시켜도 벌떡 일어나 아내의 심부름을 잘합니다.

윤이도 한결이를 도와 쓰레기 버리는 일을 참 잘합니다.

다니엘은 사람들 앞에 나서는 걸 참 좋아해서 선물 받은 음식이 많을 때 교회 사택에 배달하는 일을 시키지요. 그러면 쏜살같이 갔다 와서 또 다른 집으로 달려갑니다. 그것도 재미있어서 환하게 웃으면서요. 그리고 동생들과 몸으로 노는 걸 좋아해서 아이들이 다니엘을 참 좋아하죠. 한결이도 노는 걸 좋아해서 함께 어울려 놀고요.

햇살이는 아이들이 노는 모습 보는 걸 좋아합니다. 아이들이 다칠까 봐 늘 주변에서 아이들을 돌보는 걸 잘해요. 그리고 햇살이는 옷 개기도 곧잘 합니다.

아내는 옷을 갤 때 순서를 정해서 하는데 다른 아이들은 잘 따라하지 못합니다. 옷의 규격이 안 맞아 아내가 교육을 계속해서 시키죠. 그런데 햇살이는 알아서 잘 갭니다. 그래서 옷을 갤 때는 햇살이가 아내 옆에서 정리합니다.

사랑이와 요한이는 참 꼼꼼합니다. 청소를 시키면 아내가 또 손을 대지 않아도 될 정도로 깨끗하게 잘합니다.

열 번째 하나는 신발 정리를 정말 잘합니다.

막내 행복이는 양말을 짝 맞추어 놓는 걸 잘합니다.

각자가 잘하는 대로 일을 맡기니 아이들이 재미있어합니다.

우리 집은 엄마가 하는 일을 돕는다는 말을 하지 않습니다. 함께 사는 가족이라면 서로가 역할 분담을 잘해야 한다고 가르칩니다. 그래서 엄마가 하는 일을 도와주는 게 아니라 마땅히 함께하는 일이라는 걸 알려 줍니다.

가끔 아들들이 왜 누나들은 청소를 안 하냐고 아내에게 항의를 하기도 합니다. 그럴 때마다 아내는 늘 하는 말이 있지요.

"여자들은 미리부터 하지 않아도 집안 일들을 몸에서 알고 있어. 그런데 남자들은 미리부터 배우고 익혀야 나중에 결혼해서 잘할 수 있는 거야. 엄마는 너희가 나중에 결혼했을 때 며느리들에게서 이런 말을 듣고 싶어."

아들들이 모두 엄마 주변에 모였지요.

"'남편을 잘 가르쳐 주셔서 고마워요'라고. 어려서부터 훈련받고 집에서부터 일을 잘해야 나중에도 잘하는겨. 요새는 여자가 하는 일, 남자가 하는 일 같은 개념이 없어. 그래서 미리부터 훈련을 시키는 거야. 너희를 아내들에게 사랑받는 남편들로 키워서 장가보낼 거야."

"엄마, 우리는 아빠가 하는 걸 맨날 보고 사는데 이런 거 안 해도 나중에 결혼하면 잘할 수 있어."

아이들의 말에 모두가 한바탕 배를 잡고 웃었지요.

집안일까지도 어려서부터 늘 함께하는 거라는 걸 아이들에게 알려 준 아내는 상대적으로 딸들에게는 자유롭게 풀어 주는 편입니다. 아들과 딸 대하는 방법이 아주 다릅니다. 딸들에게는 따듯하게, 아들들에게는 조금 엄하게 대하는 편이죠. 저는 가정교육만큼은 아내가 하는 대로 따라가는 편입니다.

엄마의 소중함을 깨달은 일주일

아이들을 혼내는 것도 모두 아내의 몫입니다. 저는 아이들이 잘하면 칭찬하고 격려하는 일만 합니다. 회피하는 것이 아니라 아이들을 혼내는 데 자신이 없기 때문입니다. 그저 아이들과 대화하고 놀고 운동하는 건 할 수 있는데 혼을 내는 데는 자신이 없습니다. 성장하는 아이들을 혼내는 것에도 지혜가 필요하다는 걸 아내를 통해서 알고 난 뒤 저는 늘 뒤에 빠져 있게 되었습니다. 그러다 보니 아이들이 아빠를 더 좋아한다고 생각했습니다.

아내는 강연을 나가고 글을 쓰고 어려운 이웃을 돕기 위해 집을 자주 비웁니다. 대전 집안 행사에도 거의 아내가 참여를 합니다. 우리 집은 교회와 더불어 붙어 있다 보니 버스 노선이 없는 곳에 삽니다. 학교도 아이들 특색에 맞게 보내다 보니 다 떨어져 있지요. 아침마다 아이들 차량 운행하는 데도 많은 시간이 걸립니다. 학교가 끝나면 기다렸다 모두 데리고 와야 하기에 부부가 함께 움직일 수가 없습니다. 누군가 한 명은 남아야 아이들을 돌볼 수 있습니다.

저는 병원 사역도 있어서 어쩔 수 없이 아내가 바깥일을 다 담당하기로 했습니다. 가족 행사든 누군가를 돕는 일이든 늘 아내가 혼자서 해결하지요. 어떤 경우에는 저에게 들어오는 강연도 아내에게 슬그머니 떠맡기기도 합니다. 저는 집에서 아이들과 생활하는 게 더 편하고 즐겁기에 맡겨진 은사대로 사는 게 옳다고 생각해서 우리 집은 서로에게 어울리는 쪽으로 분담을 합니다. 우리는 서로에게 '이렇게 해야 한다, 저렇게 해라'라는 요구가 아닌, 서로의 뜻을 찾아 하고 싶은 일을 찾아서 하는 부부이고 싶습니다.

저는 아내가 음식을 해 놓으면 아이들과 차려서 먹는 걸 참 좋아합니다. 가끔 요리를 해서 아이들에게 해주면 아이들도 좋아하며 잘 먹으니 아이들이 저를 더 좋아하고 믿는다는 착각에 살았습니다. 그 사건이 있기 전까지는요.

아내가 과로로 쓰러졌습니다. 여러 가지 검사를 통해 면역력이 4세 정도 아이만큼이나 떨어져 있다는 진단을 받았습니다. 면역력을 높이려면 잘 먹고 잘 자고 쉬어야 한다는 의사의 처방도 있었죠. 아내는 떨어진 면역력 때문에 혹시나 다른 병에 감염되면 안 되어서 입원하는 내내 1인실에 있어야 했습니다.

일주일 정도 입원해 있는 동안 하선이와 하민이는 자발적으로 동생들을 돌보았고, 아들들도 평상시처럼 하던 일들을 잘 감당하며 엄마가 없는 빈자리를 채우려 노력했습니다. 그렇지만 제 눈에는 아이들이 동요하고 있는 모습이 보였습니다. 병원과 집을 오고가며 아내와 아이들을 보는데 아이들의 표정에서 불안감이 가시지를 않았습니다.

아이들은 학교 다녀와서 저녁이 되면 서로들 엄마의 병실을 지키겠다고 순번을 매겼습니다.

"아빠, 오늘은 내가 엄마 옆에 있을 거야."

"오늘은 햇살이니?"

"응. 오늘 엄마는 어때? 많이 좋아졌어?"

"오늘은 죽도 먹었어. 엄마 몸이 갈수록 좋아지고 있어."

갑자기 햇살이가 의미심장하게 말했습니다.

"아빠, 엄마는 안 아픈 줄 알았어. 엄마는 슈퍼 울트라맨인 줄 알았어."

"왜 엄마는 안 아플 거라고 생각한 거야?"

"엄마는 힘이 세잖아. 아빠도 이기고 우리도 막 다 이기고."

옆에서 햇살이가 하는 말을 듣고 있던 하선이가 어김없이 바르게 고쳐 주었습니다.

"엄마가 힘이 세서 이기는 게 아니고 아빠가 엄마니까 져 주는 거지, 이 멍충아."

"아니야, 하선 누나. 엄마가 소리 지르면 아빠가 꼼짝을 못하잖아. 그러니 엄마가 더 힘이 센 거지."

"그래서 힘이 센 거면 내가 우리 집에서 힘이 젤 세다, 이놈아."

"맞아, 누나도 힘 세. 히히히."

자칫 슬플 수도 있었던 순간에 햇살이 덕분에 기분 좋게 웃었습니다. 그러다가 하선이가 말했습니다.

"아빠, 난 엄마가 늘 건강하게 우리 곁에 있을 거라 생각했나 봐. 그런데 엄마 쓰러지는 걸 봤잖아. 진짜 아무것도 생각이 안 나는 거야. 우리 집 기둥이 무너졌다는 생각이 들어서 나도 무너지는 줄 알았어."

"너는 아빠가 옆에 있는데 엄마가 기둥이라고 생각한 거였어?"

"히히. 아빠는 그저 옆에 있어서 좋은 거구, 엄마는 우리를 다 지켜 주는 기둥 같은 든든함이지."

"뭐라구? 아들들, 누나가 말하는 게 맞는 거냐?"

요한이도 하선이를 거들었습니다.

"응, 아빠. 나도 엄마가 쓰러질 때 진짜 우리 집 이제는 큰일 났다고 생각했어. 우리 이제 어떻게 살까 걱정이 되더라."

"어이, 장남 너까지도?"

그러자 다니엘과 한결이도 질세라 말했습니다.

"아빠, 나도 그랬어. 엄마가 계속 입원해 있으니까 앞으로 우리는 어떻게 살지 하는 생각에 걱정이 되더라."

"아빠, 난 엄마가 쓰러지는데 우리 다시 보육원에 가야하는 건 아닌지 너무 걱정이 돼서 막 울었어. 지금도 눈물이 나. 난 이제 보육원 안가고 엄마 아빠 형아들이랑 재미있게 살고 싶어. 근데 엄마가 쓰러지면 우리는 어떡해."

한결이가 말하다가 갑자기 울음을 터뜨렸고, 그 모습을 지켜보던 아이들도 하나 둘 우는 바람에 집은 눈물바다가 됐습니다. 그때 저는 아내가 아이들에게 어떤 존재인지를 알았어요. 엄마라는 자리가 아이들에게 이렇게 막강한 영향력을 끼치는 자리인 줄을 이전에는 전혀 몰랐었지요. 저는 아이들을 한 명 한 명 안아주며 다독여 주었습니다.

"얘들아, 걱정하지 마. 엄마는 건강해져서 다시 우리에게 돌아올 거니까."

보육원으로 다시 가게 될까 봐 불안했다고 우는 한결이를 보면서 저는 가족은 절대로 헤어지는 게 아님을 이야기해 주었습니다.

아내는 병원에서 며칠 더 입원하자는 만류를 뿌리치고 일주일 후에 아이들이 있는 집으로 돌아왔습니다. 아내가 없는 썰렁하기 그지

없던 집이 다시 활기를 찾았고, 아이들은 다시 평온하게 자신의 일상으로 돌아갔습니다.

아내가 집을 비운 일주일 동안 저는 아이들에게 최고라는 혼자만의 착각에서 내려와 아내에게 조용히 자리를 양보해 주었지요. 바쁜 엄마여도 엄마의 자리를 지키고 아이들과 함께할 때 가정의 안정과 평화가 있음을 깨닫는 소중한 일주일이었습니다.

이성교제 교육은 미리미리

아이들이 성장하면서 가장 염려가 되는 부분이 이성교제였습니다. 아이들이 이성에 대해 바르게 눈뜨길 바랐기에 아내는 아들들에게 어릴 때부터 성교육을 시켰습니다. 저는 시간이 흐르면 자연스럽게 알게 될 거라고 말했지만 아내는 생각이 달랐습니다.

이성에 대해 제대로 알고 상대방을 귀하게 여기는 것은 부모가 가르쳐야 한다며 아들들에게 여자에 대해 말해 주기 시작했습니다. 무엇보다 자신을 믿고 좋아해 주는 이성이 있다면 내가 좋아하지 않더라도 상처를 주어서는 안 된다는 말을 강조했습니다. 그리고 여자를 함부로 대해서는 안 된다는 걸 아들들에게 늘 이야기했습니다. 혹시라도 호감이 가거나 사귀고 싶은 친구가 있다면 더욱 귀하게 여기라고 했습니다.

아내는 또 건전한 이성교제는 아이들이 성장하는 데 좋은 도움이 될 거라며 아이들의 이성교제를 찬성하였지요. 그 덕분인지 어느 날 사랑이가 먼저 사귀고 있는 후배가 있다는 말을 꺼냈습니다. 누나들까지 합세하여 사랑이의 이성교제를 기뻐하면서 우리 집은 그야말로 축제 분위기였지요. 다른 집이라면 중학생이 무슨 이성교제냐고 호통을 쳤을 텐데, 우리 집은 완전 난리가 났어요. 하선이는 여자친구를 집으로 데리고 오라며 진심으로 축하해 주었고, 아내는 교회에 안 다니면 주일날 교회에 데리고 오라며 벌써부터 전도를 하더군요. 또 아내는 아들이 여자친구를 데려오면 경포에 있는 맛집에서 돈가스를 사주겠다고 했습니다.

며칠 후 사랑이는 여자친구를 집으로 데리고 왔고, 우리 가족은 모두가 서로의 일인 양 신이 나서 반가워했어요. 아내는 약속대로 돈가스를 사주었고, 좋은 교제를 나누라는 덕담까지 해주었습니다.

그런데 안타깝게도 학교 내에서는 이성교제를 금한다는 생활지도 선생님의 경고로 사랑이는 한 달 만에 이별을 맛봐야 했습니다. 고등학교 가서 다시 만나자는 말을 하고 헤어지는 일이 벌어졌지요.

허무하게 끝나 버린 사랑이의 첫사랑 이후 아직까지 이성교제를 하는 아이들이 없어 아내가 늘 이야기합니다.

“누구든지 여자친구 데리고 와서 결혼하고 싶다고 하면 바로 결혼시킨다. 여자친구만 데리고 와~.”

또 남자친구를 사귀지 않는 세 딸들에게 아내는 늘 이런 말을 합니다.

“도대체 어디가 부족해서 남친도 없니? 엄마는 이해가 안 된다. 이해가 안 돼.”

저도 가끔은 딸들이 이성에 관심이 없는 것 같아 염려가 됩니다. 그러나 하은이와 하선이는 남자친구를 사귀기보다 하나님께서 허락하신 평생의 배우자를 만나 결혼하고 싶다는 말을 하는데 오히려 감사했습니다.

아내는 하은이에게 국제결혼을 해도 좋다는 말을 자주합니다. 지금도 하은이와 통화만 하면 믿음 좋은 캐나다 청년을 만나 보라는 얘기를 하지요. 그럴 때마다 하은이는 시종일관 같은 말을 합니다.

"엄마, 여기서 믿음 좋은 남자 찾기가 힘들어. 마약 하는 애들도 많아. 그래서 만나고 싶은 마음도 없어."

"다 그런 거는 아니잖아. 그러니 믿음 좋은 남자를 찾아야지."

"엄마, 여기가 얼마나 넓은데 믿음 좋은 남자를 찾아. 나는 공부나 열심히 할거야. 공부 마치면 유치원 교사 하면서 행복이랑 하나랑 데려다 키울래. 난 동생들과 살 거야. 그리고 동생들 크는 거 보고 아프리카 선교사 나가야지."

아내는 한결같이 결혼하지 않고 동생들 키우면서 선교사로 나가겠다는 하은이를 염려합니다. 그런 아내에게 저는 한결같은 말로 위로를 하지요.

"아직 좋은 사람을 못 만나서 그런 거여유."

그리고 신앙 안에서 바른 사람을 만나고 싶어하는 딸들을 보면서 요즘은 세상의 연애관과 결혼관이 혼탁하기 그지없는데 어떻게 이런 건전한 이성관을 가지고 살아가고 있는지, 딸을 키우는 부모로서 고맙기까지 했습니다.

우리 부부는 오래전부터 아이들의 배우자를 위해 기도하고 있습니다. 어떤 목사님은 요즘같은 어지러운 시대에 살려면 배우자를 위해 목숨을 내놓고 40일 금식기도하라고 하시는데 우리 부부는 그럴 자신이 없어 미리부터 자녀들의 배우자를 위해 꾸준히 기도하고 있습니다.

"주님, 우리 아이들이 믿음의 배우자를 만나게 해주세요. 그래서 주 안에서 말씀이 삶이 되고, 말씀을 실천하며 살아가게 해주세요. 말씀대로 행하는 가정으로 살아갈 수 있도록 열한 명의 자녀에게 믿음의 배우자를 허락해 주세요. 예수님의 이름으로 기도합니다. 아멘."

용돈은 한 달에 만 원씩 줄게

우리가 살고 있는 강릉중앙감리교회 사택은 경포 국립공원 관광단지 안에 있습니다. 그래서 그런지 강릉에서도 더욱 청정지역이지요. 주변을 둘러보아도 슈퍼를 가려면 걸어서 20분 정도는 나가야 합니다. 하은이가 방학 때 한국에 들어와서 동생들에게 아이스크림을 사 주고 싶어서 자전거를 타고 슈퍼에 다녀오곤 하는데 돌아오는 길에 아이스크림이 녹을까 봐 아이스박스 작은 통에 담아 오기도 했습니다.

아이들이 다니는 초등학교도 전교생이 60명 정도밖에 안 되고 중학교도 30~40명 정도인 학교에 다니니 주변에 문방구나 슈퍼도 없습니다. 그렇다 보니 아이들이 학교를 다니며 무언가를 살 필요도 없고, 자연스럽게 돈 사용법을 배울 기회가 적습니다. 아이들 대부분 돈의 필요를 많이 느끼지 못해서인지 용돈을 받고 싶어하지도 않았죠.

그런데 아내가 아이들을 데리고 서울을 다녀오는 길에 재미있는 일이 벌어졌습니다. 요한, 사랑, 햇살, 다니엘, 한결이가 난타를 배워서 가끔 공연을 다니기도 하는데, 고속도로 휴게소에서 아이들과 식사를 하면서 햇살이에게 현금으로 결제하도록 한 것입니다. 돈을 사용해 본 적이 없던 햇살이가 거스름돈 받는 걸 모르고 그냥 나왔습니다. 아내는 햇살이에게 거스름돈을 받아 왔느냐고 물어보았고, 햇살이는 안 받았다고 했답니다. 아내는 햇살이를 데리고 휴게소 카운터에 가서 거스름돈을 받아 왔습니다.

이 일을 계기로 아내는 토요일만 되면 아이들을 데리고 슈퍼에 가서 직접 과자나 필요한 생필품을 사게 하는 훈련을 시켰습니다. 물건을 골라다 계산대에 놓고 계산하는 방법을 가르치고, 과자나 음료수, 아이스크림의 가격에 대해서도 교육을 시켰습니다.

그런데 아이들이 돈을 사용하는 방법을 알면서부터 용돈을 받고 싶어 손을 내미는 일이 많아졌습니다. 아내는 아들들에게 중학교에 가면 한 달에 만 원씩 용돈을 주겠다는 약속을 하였지요.

요한이가 중학생이 되면서 매달 만 원씩 용돈을 받았습니다. 동생들이 모두 부러워하며 "요한이 형은 좋겠다"고 돌아가면서 말하기 시작했습니다. 그러고는 다음 해에 사랑, 햇살, 다니엘이 중학생이 되면서 용돈을 받기 시작했습니다.

그런데 석 달 정도는 용돈을 받는다고 그렇게 좋아하던 아이들이 넉 달째쯤 돼서야 만 원이 너무 적다고 불평하기 시작했습니다. 2만 원을 달라며 아내와 저에게 항의를 하였지요. 특히 다니엘이 주동이 되어서 형들과 함께 아내에게 지속적으로 용돈을 올려 달라고 말했습니다. 아내는 꿈쩍하지 않고 만 원도 많다며 자꾸 그러면 주던 용돈도 안 주겠다고 말했죠. 아이들과 아내의 팽팽한 신경전은 몇 개월이 더 갔습니다.

용돈이 2만 원으로 오른 사연

학교에 다녀온 다니엘의 표정이 너무 안 좋았습니다. 아니나 다를까 다니엘은 아내를 보자마자 울음을 터트렸고, 아내는 다니엘을 안아 주면서 진정될 때까지 기다려 주었습니다. 한참을 울던 다니엘이 학교에서 있었던 이야기를 했습니다.

아침에 학교에 갔는데 담임선생님께서 다니엘과 사랑이와 햇살이를 오라 하더니 종이 한 장을 주더랍니다. 그러고는 집에서 아침부터 잠잘 때까지 뭘 하는지 정확하게 적으라고 했답니다. 햇살이와 사랑이는 선생님께서 하라는 대로 적는데 다니엘은 왜 그러시냐고 여쭤 보았다더군요.

선생님이 "사랑이가 학교 친구랑 대화를 하던 중에 '나는 우리 집 스타렉스에서 잠을 잔다'고 말했다는데, 너희 집이 가난해서 스타렉스에서 자는 건지 아니면 부모님이 아이들을 일부러 차 안에서 재우는 건지 확인하려는 거야"라고 하셨답니다. 다니엘이 "아니에요. 우리가 재미있어서 차 안에서 자는 거예요. 차 안에서 자면 캠핑하는 것 같아서 가끔 그러는 거고요. 엄마 아빠가 우리를 얼마나 사랑하는데… 우리 집은 가정 폭력 없어요"라고 정확하게 말을 했는데도 선생님은 계속 진술서를 쓰라고 했습니다. 또 선생님들끼리 이런 대화도 나눴다더군요. 우리 집이 아이들을 학대하는 건 아닌지 걱정이 된다고 말입니다. 그 말을 듣고 다니엘이 왜 선생님들끼리 이런 말을 하시냐며, 우리 엄마 아빠 정말 좋은 분이고, 우리 집 정말 재미있는 곳이라며 울면서 말했다고 했습니다.

저는 사랑이와 햇살이에게 어찌된 일인지 물었습니다. 사랑이가 친한 친구에게 차 안에서 잠을 잔다고 말했고, 그 친구가 불편하지 않냐고 물어서 허리가 아프다고 했답니다. 며칠 뒤 그 친구는 사랑이에게 오늘도 차에게 잤느냐고 물어봤는데 하필이면 그날도 스타렉스 안에서 잔 날이어서 "그랬다"고 말했답니다. 그 아이가 집에 가서 사랑이와 나눈 이야기를 엄마에게 말했고, 그 엄마가 또 다른 학부모들에게 말해 결국에는 선생님들께 전해진 것이었습니다. 누군가 진상을 알아보라고, 아무래도 문제가 있는 것 같다고 해서 선생님께서 아침에 우리 아이들을 불러 진술서를 쓰게 하였다는 걸 알게 되었습니다.

우리는 종종 차 안에서 잠을 자며 캠핑 분위기를 낸 적이 있습니다. 아이들이 너무 좋아했지요. 그런데 사랑이가 잠을 자며 허리가 아프고 불편하다는 얘기를 학대한 것으로 오해해서 작은 학교가 발칵 뒤집힌 것입니다.

저는 너무 화가 나서 교장선생님께 전화해서 학교에서 일어났던 일을 얘기했습니다. 교장선생님도 잘 몰랐다며 너무 미안하다고 내일 학교에서 이야기하자기에 다음 날 아내와 함께 학교에 갔지요.

선생님들과 대화를 하던 중 이렇게도 오해할 수 있다는 걸 알게 되었습니다. 아내는 평소 담임선생님과 자주 통화하였고, 학생들의 간식을 만들어 주러 학교를 드나들면서 담임선생님과 친해진 줄 알았는데 이런 일이 생기니 많이 힘들어했습니다.

아내는 아이들을 불러 진술서를 쓰게 하기 전에 우리와 전화 한 통화만 해도 알 수 있었던 일을 크게 키우셨냐면서 서운하다는 마음을 비쳤습니다. 또한 다니엘의 말만 제대로 들었어도 이런 오해가 없었을 텐데 왜 아이의 말을 듣지 않고 뒤에서 험담을 했는지, 상한 마음을 다 털어 놓았습니다. 선생님들은 자신들이 왜 그랬는지 모르겠다며 진심으로 사과해 주었지요. 학부모들의 이야기만 듣고 많이 오해했다고 미안해했습니다.

그러고는 선생님과 다니엘에 대해 함께 이야기를 나누었습니다. 다니엘은 가족을 정말 자랑스러워하고 엄마 아빠를 진심으로 좋아하고 존경하는 아이라며, 다니엘처럼 이렇게까지 가족에 대해 정확하게 얘기하는 아이가 없다고 하더군요. 선생님들은 다니엘에게도 정식으로 사과했고, 다니엘도 쿨하게 선생님들의 사과를 받아주었습니다.

우리 부부는 아이들을 학대한다는 커다란 오해를 받은 것보다 다니엘이 가족을 사랑하고 엄마 아빠를 너무 좋아하고 존경한다는 것을 확인하는 계기가 된 것이 너무 감사했습니다. 작은 아픔을 겪고 나니 더 큰 행복이 있다는 걸 알게 되었죠.

그날 밤 우리 집은 완전 축제의 장이 되었답니다. 아내가 통 크게 자장면과 탕수육을 쏘고 아이들이 그렇게나 갈망하던 용돈을 올려 주었지요.

"얘들아, 엄마가 이번 달부터 한 달 용돈 2만 원씩 준다. 기분이다. 다니엘 덕분인 줄 알아."

아내의 이 말 한마디에 아이들이 일제히 환호성을 지르며 좋아했고, 다니엘에게 고맙다고 말했습니다. 아내와 저는 서로 바라보며 빙

긋 웃었습니다. 자식들이 부모를 이렇게 믿고 따라와 준다는 걸 알고 나니 세상 부러울 것이 없었습니다. 이 땅에서 가장 부자가 바로 저희라는 생각이 들었습니다. 이렇게 귀한 주님의 아이들의 아버지라는 게 무척이나 감사합니다.

빨래 너는 건 재밌어

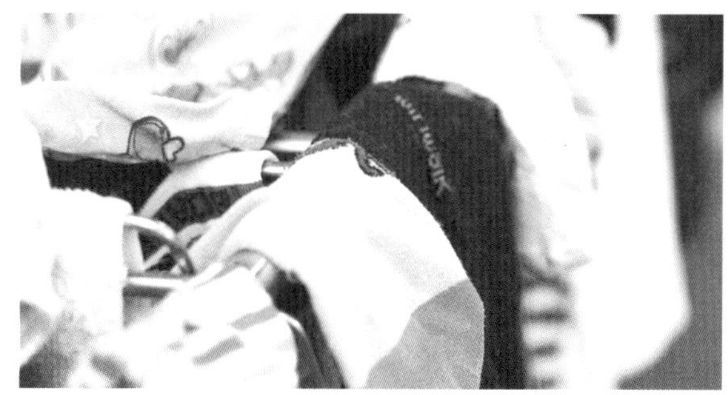

왁자지껄 식사 시간

쓰담쓰담

궁금한 게 있어요

Q 저희는 맞벌이 부부라서 자녀들과 함께하는 시간이 많이 부족한 것 같아 아쉬움이 있어요. 평소에 자녀들과 친밀함을 쌓고 싶은데 좋은 방법을 알려 주세요.

A 요즘은 부모만 바쁜 게 아니라 자녀들도 많이 바쁘지요. 우리 집도 예외는 아닙니다. 하지만 아무리 바빠도 자투리 시간이 있더라고요. 긴 시간 함께하지 못해도 바쁜 시간을 쪼개어 잘 활용하면 아이들과 더 많은 이야기를 할 수 있지요. 처음에는 지키기 어렵지만 오랜 시간 습관을 들이면 가능한 일입니다.

가족과 함께할 때는 우선 핸드폰을 과감히 던져 버리길 부탁드립니다. 아이들뿐만 아니라 부모부터 솔선수범을 보여 주세요. 자녀들이 핸드폰 내려놓는 걸 힘들어한다면 시간을 두고 기다려 주세요. 부모가 오직 자녀들에게 집중하는 모습을 지속적으로 보여 준다면 자녀들도 언젠가는 핸드폰으로 노는 것보다 부모와 함께하는 시간을 더 소중하게 여길 거예요.

중요한 포인트는 노력해야 한다는 거예요. 하나님을 믿는 가정으로서 주님께 맡기고 기도하면서 노력하면 좋을 것 같아요.

#5장 나눔도 학교다

제2의 고향, 강릉으로

강릉에 있는 아산병원 원목으로 근무하기 위해 우리 가족은 강릉 중앙감리교회 사택으로 이사를 했습니다. 대전에서 목회자로 5년 동안 사역하면서 가지고 있던 아파트와 작은 땅을 처분하고 적금을 모두 해약해서 교회를 세웠습니다. 빈민 아동 무료 공부방을 자비량으로 운영하면서 수중에 가진 게 하나도 없어졌을 때 하나님께서 우리 기도에 응답하신 것입니다.

그런즉 너희는 먼저 그의 나라와 그의 의를 구하라 그리하면 이 모든 것을 너희에게 더하시리라 마 6:33

35 누가 주께 먼저 드려서 갚으심을 받겠느냐 36 이는 만물이 주에게서 나오고 주로 말미암고 주에게로 돌아감이라 그에게 영광이 세세에 있을지어다 아멘 롬 11:35-36

아내의 말처럼 사는 데 지장 없는 별거 아닌 걸 내어드렸는데 하나님께서는 더 큰 깨달음으로 저에게 알려 주셨습니다. 내가 가진 게 많고 내가 할 수 있는 일이 많을수록 하나님은 내 안에서 일하시지 않는다는 것입니다. 가진 게 없고 내 힘으로 할 수 없을 때, 그때부터 하나님께서 날 통해 일하신다는 걸 깨닫기 시작했습니다.

아내의 뒤를 이어 얼굴도 모르는 대한민국의 가장에게 신장을 기증하고 난 뒤 아픈 사람들의 눈물을 보게 되었습니다. 아픈 몸을 이끌고 대한민국의 가장으로 살아가는 40~50대들을 보면서 너무 마음이 아파 하나님 앞에 울며 기도했습니다. 사도 바울의 기도가 저의 고백이 되어 더욱 약해져야 함을 느끼기 시작했습니다.

신장을 기증한 뒤에 병원에서 아픈 환우들을 바라보며 긍휼의 마음이 들게 하셨고 환우를 돕는 목회자로 살고 싶어졌습니다. 그런데 병원 선교는 자비량이라 내가 하고 싶다고 할 수 있는 게 아니었습니다.

신장 기증 후 몸이 회복되면서 더욱 병원 선교하는 목회자가 되고 싶다는 강한 마음이 들었는데 우리 집안의 모든 형편을 아시는 강릉중앙감리교회 이철 감독님께서 저를 강릉 아산병원의 원목으로 불러 주었습니다. 그리고 강릉중앙감리교회에 소속 목사로 이름을 올려 주었습니다. 집이 없음을 아시고 교회 내의 사택을 조건 없이 내주셨고, 우리 가족은 강릉을 제2의 고향으로 여기며 지금까지 살고 있습니다.

섬김이 몸에 밴 아내

아내는 봉사하는 걸 참 좋아합니다. 25년을 함께 살면서 아내가 한 일이 나눔과 섬김과 어려운 이웃과 함께하는 삶이었습니다. 좋아하는 것을 넘어서 몸에 배어 있는 삶의 일부분이라고 할 수 있습니다.

아내와 결혼하고 저도 자연스럽게 아내를 따라 봉사하는 일에 익숙해졌습니다. 알고 보니 아내의 섬김은 장모님에게서 물려받은 유산 같은 것이었습니다. 저는 결혼하면서 아내와 가족이 된 것도 좋았지만 장모님도 참 좋았습니다. 제가 살아온 우리 집의 환경과는 참 다르게 살아온 아내의 집을 보면서 부럽기까지 했습니다.

아내는 어린 시절 엄마와 손을 잡고 봉사활동을 했다는 이야기를 많이 했습니다. 그리고 아내의 집에는 늘 어렵고 힘든 분들이 계셨는데 장모님은 정성스럽게 밥을 대접하시곤 했습니다. 장모님에게 어려움을 이야기하러 오시는 분들에게 절대 빈손으로 돌려보내지 않았다고 하더군요.

늘 이웃과 더불어 살아가는 아내의 가족들이 형제간에 깊이 우애하는 모습을 보면서 저는 참으로 부끄러웠습니다. 저는 장남으로 태어나 제가 희생하며 산다고 생각했거든요. 옛날 어르신들이 장남에게 거는 기대는 모두 비슷했지요. 어려서부터 아버지로부터 “장남은 공부를 잘해야 한다”, “장남은 동생들에게 본을 보여야 한다”, “너는 우리 집안의 종손이야. 너한테 거는 기대가 크다”라는 말을 들으며 살아왔습니다. 그 무게가 너무 버거울 때가 있었습니다. 그래서 제가 하고 싶은 것들을 못 하고 가족에 의해, 가족이 원하는 길을 가고 있다는 생각에 사로잡혀 늘 패배자의 삶을 살았습니다.

저는 운동을 하고 싶었습니다. 공을 가지고 하는 운동은 무엇이든 자신 있었고 운동선수로 뛰고 싶었습니다. 그런데 포기했습니다. 집에서 부모님이 반대하신 것도 아닌데 어려서부터 장남이라는 무게를 안고 살아온 저로서는 공부를 포기하고 운동을 하겠다는 말을 할 용기가 없었습니다.

그러다가 대학을 졸업하고 직장생활을 하면서 아내를 만났습니다. 아내는 데이트하는 내내 집에 대해서 별말을 안 했습니다. 아내의 주된 대화는 공주 장애인 시설에 있는 아이들의 이야기뿐이었습니다. 왜 장애인 시설에서 일하게 되었는지, 하나님이 자신을 통해 일하고자 하는 비전이 무엇인지, 자신이 왜 아이들을 돌보며 사는지…. 원의 아이들이 정말 예쁘다며 한 명 한 명 아이들의 특징을 이야기하는 걸 좋아했습니다. 저는 듣기만 했습니다.

자식을 낳아 보지도 키워 보지도 않은 저로서는 그저 먼 세계의 이야기로만 들렸지만 장애아동들을 위해 세상의 화려함을 포기하고 살아가는 아내가 천사처럼 보였습니다. 저 사람과 결혼하면 제가 조금은 달라져 보일 것 같았습니다. 그런데 아내는 평생을 장애아동들과 살겠다며 저의 청혼을 거절했습니다. 그냥 돌아서면 됐는데 도저히 그럴 수가 없었습니다.

저하고는 다른 삶을 살고 있는 아내가 궁금했어요. '저 사람은 왜 저렇게 남을 위한 삶을 사는 걸까?' 헤어져야겠다고 마음을 먹었지만 쉽게 잊히지 않았습니다.

그래서 일주일 뒤에 기타를 둘러메고 아내가 나눠주고 싶어 하는 사과도 한 박스 싣고 무작정 아내가 있는 장애인 시설로 갔습니다. 기타로 아이들과 함께 노래를 부르며 놀고 있는데 아내가 들어왔습니다. 멍하니 놀라 서 있는 아내에게 한마디했습니다.

"결혼해서 함께합시다. 당신이 하고 싶은 일들."

과부와 고아를 돌아보며 한 손에는 내 아이의 손을 잡고, 다른 한 손에는 소외된 아이들의 손을 잡고 저도 함께 걷겠다고 약속하며 아내와 결혼을 했습니다.

결혼하면서 저에게 선물처럼 오신 분이 장모님입니다. 저 스스로 결정하며 혼자 책임을 지며 살아왔던 제 인생에 조언도 해주고 함께 들어와 적극적으로 도와주시는 분이 생긴 것입니다. 장모님으로 인해 저는 결혼을 통해 저의 제2의 인생을 살게 되었습니다.

아내와 광야 학교에 입학하다

저는 어린 시절에 어머니의 손을 잡고 교회에 다녔습니다. 자연스레 중고등부에서 찬양도 하며 학생 시절을 보냈습니다. 교회 어른들이 싸움을 하며 목사님을 쫓아내기 전까지는요. 장로님들이 합심하여 목사님의 목을 끌고 나와 교회 마당에 내치는 걸 어린 제가 보고 말았습니다. 저는 크게 상처를 받았고 그때부터 교회를 멀리했습니다. 어머니는 늘 기도하는 분이셨고 제가 교회를 다니지 않아도 교회 가자고 억지로 손을 이끄는 분도 아니셨지요. 뒤에서 묵묵히 기도만 하시는 분이었습니다.

그 오랜 시간 동안 다니지 않았던 교회를 아내의 손을 잡고 교회에 첫 발을 내디뎠을 때 하염없이 눈물만 흘렀습니다.

"주여, 이 죄인이 돌고 돌아 여기, 주님 앞에 왔습니다."

다른 말이 필요 없었습니다. 주님 앞에 울고 또 울며 저는 주님의 품으로 들어왔지요. 어머니의 눈물의 기도로 저는 제 아내를 만났음을 알게 되었어요. 또 아내와의 만남은 제 인생의 터닝 포인트였습니다. 학교에서도, 사회에서도 알려 주지 않았던 이웃과 함께하는 삶, 예수님을 따라 사는 삶이 성경 안에 있음을 알고 얼마나 기뻤는지 모릅니다.

예수님께서 복음을 선포하시고 처음 하신 일이 제자들을 부르신 일이라는 걸 알았습니다. 예수님은 믿음으로 순종하며 따르는 자들에게 '나를 따르라'고 말씀하셨지요. 말씀이 제 안으로 들어오니 저도 주님의 제자가 되길 간절히 바라며 기도했습니다.

예수님께서 걸어오신 광야 학교에 저도 입학하길 원했지요. 평생을 광야 학교 학생이어도 괜찮았습니다. 아내도 함께 광야 학교의 학생이었으니까요. 저는 아내와 손을 잡고 주님께 이렇게 기도했습니다. 만약에 주님께서 우리에게 아이들을 허락하신다면 세상 교육이 아닌 주님의 관점에서 그리스도인의 교육으로 아이들을 양육하겠다고요. 예수님의 3년 동안의 공생애의 사역이 우리가 배워야 할 신앙 교육이라고 생각했습니다,

예수님께서는 먼저 광야에서 사탄에게 시험을 받으시고, 그 시험을 말씀으로 물리치셨습니다. 그 후에 하신 첫 번째 사역이 갈릴리의 회당에서 가르치시는 일이었죠. 예수님의 지상 명령은 전도만으로는 안 되기에 예수님은 예수님을 따르는 자들을 제자 삼아 양육하라고 말씀하셨습니다. 예수님의 3년 사역에 열두 명을 세워 제자로 교육하셨고, 열두 제자를 통해 세계 복음화를 이루고자 하셨던 것처럼 저도 예수님처럼 사는 삶을 꿈꾸기 시작했습니다.

> 18 예수께서 나아와 말씀하여 이르시되 하늘과 땅의 모든 권세를 내게 주셨으니 19 그러므로 너희는 가서 모든 민족을 제자로 삼아 아버지와 아들과 성령의 이름으로 세례를 베풀고 20 내가 너희에게 분부한 모든 것을 가르쳐 지키게 하라 볼지어다 내가 세상 끝날까지 너희와 항상 함께 있으리라 하시니라 마 28:18-20

아직 태어나지도 않은 아이들도 우리 부부처럼 예수님의 광야 학교의 학생이 되게 하겠다고 기도했습니다. 하은, 하선이가 생기면서 세상적인 욕심에 빠져 이렇게 했던 기도는 한 순간에 물거품이 되어 날아가기도 했지만요. 말씀이 기초가 되지 않으면 순간 은혜 받아 하나님께 무언가를 하겠다며 약속한 모든 게 쉽게 무너진다는 걸 알았지요.

아내는 누군가를 돕는 일이라면 거의 무조건적으로 자신의 일은 뒤로 미루는 사람입니다. 결혼 후 신혼여행도 미룰 정도였죠.

아내는 지금도 가정 안에 있는 열한 명의 아이들보다 돌보아야 할 한 명의 아이가 있다면 바로 뛰어나갑니다. 결혼해서 함께하자고 말한 그 약속을 지키려고 저는 늘 아내가 하는 일을 지지합니다. 집에서 제가 할 수 있는 일이 있다는 것에 늘 감사하지요. 아내는 이렇게 좋은 봉사와 나눔의 유산을 물려받고 자녀들에게 또 대를 이어 물려주기를 바라며 아이들과 함께 열심히 봉사활동을 합니다.

> 18 선을 행하고 선한 사업을 많이 하고 나누어 주기를 좋아하며 너그러운 자가 되게 하라 19 이것이 장래에 자기를 위하여 좋은 터를 쌓아 참된 생명을 취하는 것이니라 딤전 6:18-19

봉사도 배움이고 나눔도 학교라고 생각하는 아내와 함께 저도 열심히 아이들과 배우고 있습니다. 오직 성경만이 교과서이고 학교이고 교사라고 믿습니다.

36 선생님 율법 중에서 어느 계명이 크니이까 37 예수께서 이르시되 네 마음을 다하고 목숨을 다하고 뜻을 다하여 주 너의 하나님을 사랑하라 하셨으니 38 이것이 크고 첫째 되는 계명이요 39 둘째도 그와 같으니 네 이웃을 네 자신 같이 사랑하라 하셨으니 마 22:36-39

교육의 도로 위 신호등이 되어 주신 예수님

예수님께서는 우리 부부가 아이들의 교육에 길을 잃을까 봐 늘 아이들을 통해서 알려 주셨습니다. 예수님께서 도로 위의 신호등 같은 역할을 해주셨습니다. 무조건 직진만 할 수도 없었고, 무조건 서 있을 수만도 없었습니다. 아무도 가지 않는 길을 일방통행할 때도 있었고, 안내판이 없는 길에 주저할 때도 있었습니다.

그럴 때마다 주님께서는 '아무것도 염려하지 말라' 하셨고 오직 주님만 중심이 되어 나아가면 길이 보임을 알게 해주셨습니다. 오직 주님만이 삶의 진리임을 알게 되었지요.

우리 집은 일부러 아픈 아이들만 키우려고 한 것은 아니었지만, 몇몇 아이들이 크고 작은 아픔을 안고 우리와 가족이 되어 주었습니다. 그래서 우리는 멋진 자연환경을 찾아 강릉으로 왔지요. 강릉 주변에 심겨진 소나무가 공기 청정기의 효과를 내고 있고, 덕분에 아토피나 폐질환인 천식에도 좋다는 걸 알게 되었어요.

실제로 강릉에 살면서 아이들의 건강은 조금씩 차도를 보였습니다. 점점 건강해지는 아이들을 보면서 아내와 저는 생각했습니다. 처음부터 심한 장애를 가지고 태어난 아이들은 어쩔 수 없지만, 어떤 아픔들은 가족의 노력과 좋은 환경으로 인해 충분히 치유될 수 있다는 걸요. 아이들이 성장하기에 좋은 환경과, 아이들을 이해해 주는 좋은 이웃과, 무엇보다 아이들을 믿고 함께 손잡고 걸어가는 가족이 있다면 세상의 아이들은 모두 건강하게 자랄 수 있을 거란 확신도 들었습니다.

아이들이 자라면서 우리 아이들이 행복하게 살아갈 세상을 향해 조금이나마 기여하고 싶은 마음이 들었지요. 그러던 중에 아내가 쓴 《하나님 알러뷰》의 인세가 모아지고 있음을 알게 되었습니다. 마침 연예인 션과 정혜영 씨가 서울에 장애 아동을 위한 어린이 병원 건립을 위해 참여하는 매일 '만 원의 기적'이라는 캠페인에 인세 전액을 기부했지요.

아이들을 키우면서 깨닫는 것 중의 하나가 '고인 물은 썩는다'는 것입니다. 하나님께서는 무엇이든 순환해서 함께 살아가는 세상이 되는 것을 원하십니다. 그래서 봉사와 나눔은 특별한 것이 아니라, 가진 자들이 하는 게 아니라 우리의 일상이 되어야 함을 알게 되었습니다.

아이들은 부모의 모습을 보고 성장합니다. 우리나라 속담에 "콩 심은 데 콩 나고 팥 심은 데 팥 난다"는 말이 있지요. 이 속담은 부모의 삶을 자녀들이 그대로 보고 배운다는 뜻입니다. 물론 "개천에서 용 난다"는 속담도 있습니다. 그런데 개천에서 용이 나오는 확률보다 콩 심은 데서 콩 나오는 확률이 더 높은 것 아니겠습니까?

부모의 발자취를 따라가는 아이들을 바라보며 부모로서 부끄럽지 않은 모습으로 살아야겠다는 책임감을 느낍니다. 예수님께서도 '나를 따라와라' 하시며 살아가셨기 때문입니다.

우리는 모두가 주님의 자녀들입니다. 그러면 예수님이 걸어가신 발자취를 밟아 가는 게 자녀들의 몫이며 그 길을 우리의 자녀들에게 바르게 알려 주는 게 부모의 역할임을 아이들을 키우면서 더욱 알게 되었습니다.

하나님이 말씀하시는 부자의 의미를 저는 살면서 조금씩 깨닫고 있습니다. 재산이 많은 사람이 부자가 아니라 나눌 수 있는 마음을 가지고 자신의 것을 기꺼이 나눌 수 있는 사람들이 진정한 천국의 부자임을요. 봉사도 재산이 많은 부자가 아니라 나눌 수 있는 마음이 있는 사람들이 한다는 걸 알게 되었습니다.

하나님께서 원하시는 참된 교육은 나누는 데에 있습니다. 그래서 저는 우리 아이들에게 늘 강조합니다. 하나님의 천국 열쇠의 비밀을 풀 수 있는 사람들은 주님께 배운 걸 자기만 가지고 있는 사람들이 아니라 그걸 나누어주는 사람들이라는 것을요.

연탄 배달도 칼국수도 좋아!

소외된 어르신들의 가정에는 지금도 연탄 보일러를 떼는 집이 많습니다. 그런데 연탄을 집 앞까지 배달하면 배송비가 부과됩니다. 배달을 하는 봉사자가 생기면 배송비를 지불하지 않아도 되니 어르신들께 더 많은 연탄을 공급할 수 있습니다.

6년 전 아이들과 처음으로 연탄을 배달하던 날부터 우리 가족은 지금까지 겨울만 되면 쉬지 않고 연탄을 배달합니다. 우리는 연탄은행으로부터 배달할 수 있느냐는 연락만 받으면 아이들과 총출동을 합니다.

"강릉 연탄은행의 홍보대사는 우리 집이여~!"를 외치며 아이들과 연탄을 나를 때는 아이들이 언제 이렇게 성장을 하여 어른의 몫을 감당하는지 그저 흐뭇하고 행복합니다.

지난겨울에는 새로운 식구가 된 윤이와 어린 하나와 행복이까지 연탄을 배달하는 걸 보고 우리 가족도 점점 성장하고 있는 것 같아 벅차오르기도 했습니다.

연탄을 배달하는 날은 아이들과 늘 외식을 합니다. 저렴한 칼국수와 자장면이 단골 메뉴이지만 아이들은 참 좋아합니다.

"우와! 오늘은 칼국수 먹는 날!"

한결이가 신이 나서 소리치자 아내가 그럽니다.

"너는 연탄을 배달하는 게 좋은 거니, 아니면 칼국수를 먹어서 좋은 거니?"

"엄마, 나는 아직 어린가 봐. 먹는 게 더 좋아."

그러자 다니엘이 정리해 줍니다.

"야, 한결아. 연탄을 배달하니 칼국수를 먹는 거야. 그러니 연탄 배달이 좋은 거지."

"아니야, 다니엘 형. 난, 난 칼국수 먹는 게 더 좋아."

이번엔 하선이가 말합니다.

"그럴 때는 둘 다 좋다고 하는 거야."

역시 하선이답습니다. 늘 실습에 바빠 잠이 부족하다면서도 가족과 함께하는 봉사활동에는 빠지지 않는 아이, 동생들의 대화에 늘 마지막 정답을 날리는 아이는 바로 하선이입니다.

어린 아이의 헌신을 기뻐하신 하나님

아내는 아이들을 참 좋아합니다. 하나님께서 허락하신 다음 세대들이 없다면 자신은 존재할 이유가 없다고 말할 정도입니다.

저도 아이들을 좋아하지만 아내처럼 아이들만 보이는 건 아닙니다. 연세 드신 연로하신 어머니를 모시지 못하고 거리가 멀어 가끔 찾아뵙는 것으로 효도를 다한 것 마냥 살고 있는 저는 늘 어머니께 죄송한 마음이 있습니다.

어머니께 효도하는 마음으로 제가 살고 있는 주변에 독거 어르신들께 반찬을 만들어 드리고 싶었습니다. 하지만 일 년에 한 명씩 새로운 가족이 생기는 우리 집 사정상 아내에게 반찬을 만들어 달라고 말하기가 쉽지 않았습니다.

우리 집은 아침이면 아이들과 큐티를 합니다. 큐티를 하며 아이들과 '가난한 이웃들을 위해 우리가 무얼 하면 좋을까?'를 주제로 이야기를 나눴습니다. 하선이가 큰 소리로 말하더군요.

"독거 어르신께 반찬 만들어 가져다 드리기!"

저는 하선이의 말이 마치 주님께서 저에게 하시는 말씀처럼 들렸습니다. 그래서 용기를 내어 아내에게 말했지요.

"하은 엄마, 우리가 강릉에 이사 와서 아이들도 건강해지고 너무 감사해서 꼭 하고 싶은 일이 있구먼유."

"그게 뭔디유?"

"이번 추석에 경포주민센터에 가서 열 분의 독거 어르신 명단을 받아 명절 음식을 해다 드리면 어떨까 해서유."

"그게 뭐가 어렵남유? 하면 되지."

우려했던 것과는 다르게 아내는 흔쾌히 찬성해 주었습니다. '역시, 내 마누래' 하는 생각에 너무나 기뻤습니다. 그런데 문제가 있었습니다.

"명절 음식이면 전도 해야 하고, 나물도 하고, 최소 불고기는 해야 하는디, 무신 돈으로 하남유?"

순간 할 말을 잃고 눈만 끔벅였습니다.

"하은 아빠는 돈도 없으면서 지금 반찬을 만들자고 한 거유?"

말만 하면 반찬이 나오는 줄 알았다니…. 왜 그렇게 세상 물정을 몰랐을까요? 그래도 아내는 포기하지 않고 기도하자고 말해 주었고, 그때부터 우리 집은 아침마다 큐티 시간이 아니라 독거 어르신들을 위한 반찬 경비를 달라고 기도하는 시간으로 보내기 시작했습니다.

온 가족이 열 분의 독거 어르신 명절 음식을 만들기 위해 아내 말대로 돈 달라고 기도하는데, 갑자기 하선이가 우리의 기도를 끊었습니다.

"엄마, 아빠. 기도 그만해. 내가 돈 줄게."

우리는 모두 하선이를 바라봤습니다. 하선이에게 무슨 돈이 있을까 의아하기만 했습니다.

"내가 하도 유치해서 이 기도 그만하려고 돈 주는 거야."

이야기를 들어 보니 그 돈은 하선이가 어려서부터 모은 전 재산이었습니다.

"하은 언니가 미국 학교 갈 때 전 재산이라며 북한 어린이 돕는 데

기부하고 가더라고. 나도 하고 싶었는데 진짜 돈이 아까워서 안 했어. 그런데 그때 기부 안 한 게 잘한 거였네. 이 돈으로 독거 어르신들 도시락 배달하자."

하선이가 어려서부터 모은 자신의 전 재산을 내놓는 순간 얼마나 감격스러웠는지 모릅니다.

아내는 제가 50살에 목사 안수를 받을 때 하나님께 약속을 했습니다. 통장의 잔고를 다음 달로 이월시키지 않겠다고 말입니다. 우리 집은 한 달 살이 가족이라고 선포한 것입니다. 다음 달로 잔고를 넘겨본 일도 없지만, 조금이라도 잔고가 남으면 어려운 이웃을 돕는 데 전액을 사용했습니다. 그러다 보니 갑자기 돈이 필요하면 이렇게 기도할 수밖에 없었습니다.

하선이의 전 재산으로 시작한 독거 어르신 추석 음식 배달이 주일마다 도시락을 배달하는 가족 지정 나눔으로 바뀌어 오늘도 우리는 반찬을 만들어 배달하고 있습니다. 어린 아이의 전 재산의 헌신이 몇 년이 지나 나누고 나누어도 계속해서 나눌 수 있는 밑거름이 되었음을 길 위에서 또 알게 되었지요. 또 하나님께서 독거 어르신 반찬을 만들어 배달하는 일을 좋아하신다는 걸 아이들을 통해서 알게 되는 뜻깊은 일이었습니다.

작은 것에 순종하는 기쁨

가정 예배 중에 아내가 이런 말을 했습니다. 아내는 주님을 알고 주님을 믿는다는 가정에 살면서 우리가 좀 더 주님의 기쁨으로 살아야 하는 것은 아닌지 고민하며 늘 주님께 기도한다면서, 갑자기 세 가지를 선포했습니다.

"첫째, 우리가 살고 있는 주변에 굶어서 돌아가시는 독거 어르신들이 생기지 않기를 바랍니다. 둘째, 우리가 살고 있는 주변에 형편이 어려운 목회자 가정에 등록금이 없어 공부를 못 하는 아이들이 생기지 않기를 바랍니다. 그리고 어려운 가정 형편 때문에 꿈을 포기하는 일이 생기지 않기를 바랍니다. 셋째, 우리가 살고 있는 아산병원에 병원비가 없어서 치료를 못 받는 환우들이 생기지 않기를 바랍니다."

아내는 이 세 가지를 열심히 실천하며 살고 싶다고 이야기했습니다. 가만히 듣던 하선이가 못마땅하다는 듯 말했습니다.

"엄마, 그럼 우리는 또 엄마 아빠가 저 세 가지를 실천하기 위해 얼마나 아껴야 하는 거야? 나는 더 이상은 아끼고 싶지 않아. 난 돈이 좋아. 돈도 많이 쓰면서 살고 싶은데 뭘 자꾸 선포해? 지금 정도가 딱 좋아, 엄마."

매사에 똑부러지는 하선이였지만 이날은 아내도 저도 살짝 놀라지 않을 수 없었습니다. 아내는 조금 생각하는 듯하더니 말을 이었습니다.

"하선아, 우리 안에 있는 99마리의 양을 주님께서 안전하게 보호하고 계심을 알잖아. 그런데 엄마는 저 멀리 바깥에 주님의 보호를 받지 못하는 한 마리의 양이 자꾸만 눈에 보여. 너희도 사랑하지만 밖에서 떨고 있는 그 한 명을 위해 무언가를 하고 싶어."

"우리도 떨고 있어. 떨고 있는 게 안 보여? 얘들아, 다들 오돌오돌 떨어."

하선이의 말 한마디에 아이들은 손을 모으고 덜덜 떠는 흉내를 내기 시작했습니다.

"아유, 추워. 아유 배도 고프네."

"다니엘은 잘하고 있고, 요한아, 너는 더 떨어."

"얘들이 뭐하는 겨."

"엄마, 우리도 보라는 겨. 엄마는 왜 다른 사람들만 보냐구."

아내의 표정이 금방이라도 울 것 같았습니다. 저는 늘 아내를 봅니다. 멀리서도 아내만 눈에 보이고 아내의 모습에서 저를 보기도 하지요. 이 순간도 아이들보다 아내를 먼저 보았습니다.

"사랑하는 우리 아이들, 엄마 눈에도 당연히 너희가 보여. 그리고 평생을 살면서 너희만 보고 싶어. 그런데 우리 예수님은 어떠셨지? 예수님께서도 당신의 제자들, 당신의 자녀들만 보시면 됐을 걸 믿지 않는 이들을 위해 땅끝까지 가서 전파하라고 말씀하시잖아. 우리가 믿는 기독교, 우리가 아는 예수님, 예수님의 사랑이 얼마나 놀라운지 그 사랑을 전파하고 주님의 뜻 가운데 살아가라고 말씀하시잖아. 엄마는 그냥 다른 거 없어. 엄마가 알고 있는 예수님의 뜻 가운데 순종하며 살고 싶은 거야. 우리는 이렇게 감사하며 행복하잖니?"

"엄마, 난 엄마 아빠가 살아가는 게 바른 길이란 걸 알기 때문에 아무 말도 안 했던거야. 그런데 가끔은 우리가 그냥 남들처럼 평범하게 살았다면 어땠을까 생각해 봤어."

"그랬어?"

"그런데 우리 집이 평범하게 살았다면 내가 이 자리에 있었을까? 난 몸이 아파 입양도 안 되었었잖아. 아픈 아이라 입양한다는 사람들도 없었고. 그런데 엄마 아빠가 아픈 아이도 괜찮다며 입양을 한 거고 그리고 내가 이렇게 건강해졌잖아. 우리 집이 평범했다면 절대 일어날 수 없는 일이었을 거야. 그치?"

"넌, 엄마의 축복이고 주님이 주신 선물이야. 너 없는 삶을 생각도 할 수 없을 정도로 넌 우리 집안의 기쁨이야."

"그래서 난 엄마 아빠가 하는 일은 무조건 찬성했어. 엄마 아빠가 이웃 사랑에 늘 최선을 다하는 이유가 바로 우리 때문이라는 걸 아니까."

우리 부부는 아무 말도 하지 못했습니다. 그저 하선이의 이야기만 듣고 있었지요.

"엄마, 아빠. 그럼 여기까지만 해. 나도 엄마 아빠를 진짜 존경하고, 밖에서도 우리 엄마 아빠 같은 사람 없다며 진짜 사랑한다고 말해. 하은 언니도 날마다 그러잖아. 세상에서 가장 존경하는 사람이 누구냐고 물으면 부모님이라고 말한다고. 나도 그래. 엄마가 하는 일을 반대하면서도 결론은 엄마 아빠가 왜 그렇게 사는지 아니까 도와주잖아. 아니, 함께하잖아."

"그럼, 우리 딸. 함께하는 거야. 우리는 가족이니까 돕는 게 아니라 함께 이루어 가는 거지."

"그럼 여기까지만이야. 엄마가 말한 세 가지까지만. 더는 일 벌리지 마. 알았지?"

하선이의 마음이 충분히 전해졌습니다. 어른들도 하기 어려운 일들을 단지 엄마 아빠가 하는 일이니 인정하고 함께한다는 것이 쉽지는 않았겠지요. 그래서 우리는 '여기까지만이야'라고 말하며 엄마가 하려는 일들을 이해해 주려고 노력하는 하선이에게 고마웠습니다. 하선이의 큰 결정이 기특했습니다.

"그럼, 그럼. 우리 딸 고맙고 우리 아들들 고맙다."

옆에서 듣고 있던 하나가 말했습니다.

"엄마, 난 엄마가 사람들 도와주는 거 좋아."

"그래, 울 아들 다 컸네. 형 같은 소리를 하고. 고마워요."

우리 가족의 웃음소리가 메아리가 되어, 강릉 하늘을 수놓은 별들이 되어 강릉 시내를 환하게 비춰주는 듯했습니다

그러고 며칠 뒤, 하나님은 우리를 통해서 일하기 시작하셨습니다. 아내는 유방암 환자를 알게 되어 아산병원을 계속해서 드나들었습니다. 결혼도 안한 20대의 젊은 자매가 유방암에 걸려 1차 수술을 받고 다시 병원에 입원을 하게 되었는데 병원비가 없어 퇴원을 못 하고 있었지요.

아내는 모녀의 딱한 사정을 듣고 모녀가 기거하는 여관 달셋방도 다녀오고 병원비를 세 번에 나눠서 납부할 수 있는지 아산병원 총무과 직원과 상담을 했습니다. 원목인 저를 담보로 아내가 3개월에 걸

쳐 병원비를 납부해 주는 조건으로 그 자매는 퇴원을 했습니다. 마지막 병원비를 납부하며 환하게 웃던 아내의 얼굴이 지금도 생생하게 기억이 나네요.

아내의 바람대로 병원비가 없어 입원을 못 한다거나 퇴원을 못 하는 환우들을 하나님께서 알게 하셨고, 우리는 형편이 닿는 대로 최선을 다해 병원비를 지원하는 일을 지금까지 하고 있습니다.

한번은 아내가 서울대학교 대학생선교회에 강연을 했습니다. 아내는 청년들, 학생들을 참 좋아합니다. 한국 교회의 미래이며 다음 세대의 주역이라며, 어른 집회보다 청년, 학생 집회를 더 좋아하고 더 열심히 준비합니다. 서울대학교 대학생선교회의 집회도 기도하며 준비를 많이 하고 주님이 하셨음을 선포하며 행복해했습니다.

대학생선교회의 교사인 박종길 집사님과의 만남도 축복이라며 참으로 감사해했죠. 아내가 집회를 마치고 며칠 뒤 박종길 집사님으로부터 연락이 왔습니다. 집사님은 지난번 집회가 큰 은혜의 시간이었다면서, 형편이 어려운 목회자 가정을 돕고 싶은데 방법을 알려달라고 했습니다. 마침 아내와 제가 한참을 기도하던 일이 생각났습니다.

강릉 강문 바닷가에 작은 교회가 있습니다. 그곳의 목사님과 사모님은 힘든 상황 가운데서도 최선을 다해 교회를 지켜 오셨습니다. 그런 그들 사이에 아들이 하나 있는데, 부모님의 힘들었던 지난 삶을 보면서 희망을 잃어버렸습니다. 그 아들로 인해 힘들어하는 목사님 사모님을 뵐 때마다 마음이 아팠는데 박종길 집사님의 연락에 희망이 보였지요.

아내는 강문에 있는 교회 사모님과 많은 이야기를 나누며 아들을 위해 어떤 계획이 있을지를 기도했습니다. 아들도 자신에게 온 기회에 감사했습니다. 일 년 공부해서 편입해 자신이 원하는 학과에 진학하고 싶다고 했습니다. 박종길 집사님은 서울대학교 근처에 방을 얻어 일 년 동안 월세를 감당해 주셨고, 아들이 공부하는 데 많은 도움을 주었습니다. 서울대학교 학생들의 정기 모임에도 동행해 주었고, 집으로 초대해 함께 식사도 하며 힘들게 사는 목회자 가정을 돕기 위해 헌신해 주었습니다.

사실 우리가 한 일은 어려운 목회자 가정과 헌신하고자 하는 가정을 연결만 해주었을 뿐입니다. 어려운 목회자 가정을 돕는 일은 하선이의 말처럼 우리가 하기에는 벅찬 일이었지요. 하지만 함께하니 그 모든 일들이 가능하게 되었습니다.

하은이가 중학교 2학년 때 미국 뉴저지의 하나님의학교에 전액 장학생으로 공부를 할 수 있도록 당시 국민일보의 이태형 소장님께서 많은 수고를 해주셨지요. 받은 사랑이 너무 커서 아내와 저는 빚진 자의 심정으로 우리도 어려운 목회자 가정의 아이들을 돕는 일을 하고 싶다는 생각을 자연스럽게 하게 되었던 것이었습니다.

그래서 아내는 더욱 받은 은혜를 나누기 위해 노력했습니다. 아내가 쓴《하나님 땡큐》의 인세 전액도 비용이 부담되어 학업을 포기하려는 목회자 가정의 아이들의 등록금으로 사용해 달라며 기독교 대안학교에 헌금했죠.

처음에는 하나님께서 허락하신 이웃 사랑을 조금이나마 나누며 살고 싶어 시작한 일이었는데 시간이 흐르고 보니 우리 아이들이 이웃으로부터 더욱 많은 사랑을 받고 있다는 걸 알게 되었습니다. 목회하기 위해 스스로 가난한 삶을 선택한 목회자 가정은 분명 하나님께서도 보호하신다는 걸 살면서 알게 되었습니다. 하나님께서는 우리 아이들을 책임지고 계셨습니다. 우리가 한 것은 작은 것에 순종한 것뿐인데 하나님께서는 더 많은 것으로 채워 주고 계셨습니다.

하선이와 함께

연탄이 참 많지유~

연탄 배달이요~

연탄 배달하면서 먹는 칼국수가 최고여유

궁금한 게 있어요

Q 책에서 나온 연탄 배달, 독거 어르신 반찬 봉사처럼 저희도 가족이 함께 이웃을 섬기고 싶습니다. 한두 번으로 그치지 않고 온 가족이 기쁜 마음으로 지속적으로 하기 위해 어떤 마음가짐을 가져야 하며, 무슨 계획을 세우면 좋을지 조언해 주세요.

A 본문에 "콩 심은데 콩 나고 팥 심은데 팥 난다"는 속담을 넣었는데요, 자녀들은 부모의 모습을 그대로 따라가려고 하죠. 부모가 다른 사람을 섬기고 돕고자 하는 마음이 있고, 그 방향대로 살려고 노력한다면 자녀들도 자연스럽게 닮아갈 것 같아요. 부모가 흔들림 없는 모습으로 자녀들과 함께하면 어느 틈엔가 자녀들이 부모를 앞지르는 걸 보게 될 거예요.

하지만 자녀는 절대 부모보다 먼저 가지 않습니다. 우리가 예수님을 따라가는 것처럼 자녀도 우리 부모의 길을 따라 걷지요. 부모가 변함없는 마음으로 이웃을 사랑하며 삶으로 살아간다면 자녀들도 언젠가는 뒤따라오고 있음을 알게 되지요.

3부

사랑으로 자라는 아이들

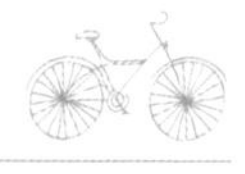

#6장

아이들의 길을 여시는 하나님

하은이가 바르지 못한 선택을 한 적 있남유?

하은이와 하선이는 고등학교 졸업장이 없는 검정고시생입니다. 하은이는 18살 즈음 미국 뉴저지에 있는 사립 중고등학교인 하나님의학교를 전액 장학금으로 공부한 후 한국으로 돌아왔습니다. 집을 떠난지 3년 만이었습니다.

한국으로 돌아온 하은이는 영어로 대화가 가능하도록 공부하게 하신 하나님께 감사한 삶을 나누고 싶다고 말했습니다. 미국에서 공부하는 내내 하나님이 자신을 통해 하실 일이 많다는 걸 기도하면서 알았다며, 십대이지만 주님께 헌신하는 시간들을 보내고 싶다고 말했습니다.

하은이의 이야기를 들으면서 아버지인 제가 참으로 부끄러웠습니다. 아이는 미국의 사립 중고등학교의 졸업장이 의미 없고 오직 주님 앞에 어떻게 사는지가 소중하다며 선교사가 되고 싶어 했습니다.

아내는 걱정스럽게 말했습니다.

"하은아, 한국 아이들 기준으로 너는 사춘기를 겪는 고등학생이야."

"엄마, 난 주님께 내가 받은 사랑을 꼭 나누는 아이가 되겠다고 약속했어. 엄마도 내가 그런 아이가 되라고 말해 주었잖아."

"그렇지만 넌 아직은 어려. 지금은 먼저 공부를 해야 할 때인 것 같아."

"엄마, 나는 공부가 그렇게 중요하다고 생각하지 않아. 난 이미 많은 공부를 했고, 영어로 듣고 말하고 쓰는 게 다 돼. 난 십대 시절의 마지막을 책상에 앉아서 공부만 하기보다 선교사로 사역을 하고 싶어. 엄마, 주님이 내게 주신 사명임을 믿어."

아내는 더 이상 말을 잇지 못했습니다. 저는 그 마음을 누구보다 잘 알았지요.

"하은 엄마, 하은이의 생각이 확실하니 믿고 함께 기도합시다. 우리 딸 하은이가 언제 바르지 못한 선택을 한 적이 있었남유?"

"하은 아빠, 하은이가 바르지 못한 선택을 해도 괜찮아유. 아직은 아이이기 때문에 하고 싶은 일들을 하면서 십대를 보내게 해주고 싶은 거쥬."

아내와 제 대화를 가만히 듣던 하은이가 더욱 확신에 차 말했습니다.

"엄마, 내가 하고 싶은 게 선교사야. 난 가난한 나라에 가서 아이들을 가르치는 일을 하고 싶어. 엄마 아빠가 어린 하선이와 내게 가족이 되어 주었기에 내가 하나님을 믿을 수 있게 되었어. 난 하나님을 알게 되면서 내 안의 상처도 회복되었고 엄마 아빠가 늘 말하는 내면의 쓴 뿌리도 제거되었다는 걸 알아. 난 내가 받은 사랑을 나누는 사람이 되고 싶어."

하은이는 말씀을 묵상하면서 은혜 받은 성경 구절을 외우며 주님의 길을 걸어가고자 했지요.

> 17 너희의 하나님 여호와는 신 가운데 신이시며 주 가운데 주시요 크고 능하시며 두려우신 하나님이시라 사람을 외모로 보지 아니하시며 뇌물을 받지 아니하시고 18 고아와 과부를 위하여 정의를 행하시며 나그네를 사랑하여 그에게 떡과 옷을 주시나니 19 너희는 나그네를 사랑하라 전에 너희도 애굽 땅에서 나그네 되었음이니라 신 10:17-19

"엄마, 날 믿어 줘. 나 정말 잘할 수 있어. 그리고 한국에서도 미국에서도 난 늘 선교사가 되겠다는 기도만 하면서 지냈어. 나도 내가 십대인 거 알아. 그런데 난 하나님 문화만을 사랑하는 아이가 될 거야. 하나님이 기뻐하시는 하은이가 될 거야. 난 날마다 주님께 기도해. 하나님의 딸 하은이가 하나님의 선교사가 될 거라고."

우리는 하은이와 대화하면서 하은이에게 설득당하고 있었습니다. 결국엔 무조건 반대하거나 염려만 하기보다는 하나님께서 하은이의 길을 인도해 주시길 기도했습니다.

우리 딸이 자랑스러워

하루 만에 하은이의 기도가 응답되었습니다. 하은이는 캄보디아 캄퐁참의 오수아니아라는 지역으로 4개월간 선교를 떠나게 되었습니다. 선교 센터를 운영하고 계시는 선교사님께서 영어가 되고, 피아노 반주를 할 수 있으며, 유아원에서 아이들을 가르칠 수 있는 여자 청년을 찾고 있다는 걸 알게 되었습니다.

처음 선교지로 떠나는 하은이를 혼자 보낼 수 없어 제가 일주일을 함께했습니다. 공항에서 하은이와 예전 이야기를 나누었습니다. 하은이를 미국에 보내던 때 저는 그 뒷모습을 보며 참 많이 울었어요. 하지만 하은이는 제가 서운할 정도로 미국에 가는 것을 너무 좋아했죠. 그런데 알고 보니 그게 아니었습니다.

"아빠, 내가 아빠랑 헤어지는 걸 힘들어하면 아빠가 울 것 같아서 그냥 웃으며 들어간 거였어. 내가 그렇게 노력했는데도 돌아서서 아빠 보니까 울고 있더라."

저는 갑자기 눈물이 핑 돌았습니다. 그런 저를 하은이는 연실 놀려댔죠.

"아빠, 또 우는 거야? 아빠는 눈물이 많아서 탈이야. 어째 엄마보다도 더 우냐?"

"아빠는 하은이가 큰딸이라 그런지 늘 처음이잖아. 하은이와 하는 처음이 늘 소중해. 그게 너무 감사하고 행복해서 눈물이 나오나 봐. 그리고 엄마랑 늘 하는 말이지만 우리 딸 하은이가 자랑스러워."

"아빠, 내가 좀 자랑스럽지."

하은이의 손을 잡고 우리 부녀는 인천공항에서 가장 행복한 얼굴로 캄보디아로 떠났습니다.

저는 일주일 동안 하은이가 사역할 선교지도 돌아보고, 선교사님 내외를 따라다니며 그분들의 사역을 옆에서 지켜보았습니다. 일주일의 시간이 흐르고 하은이를 두고 저만 돌아와야 하는 시간이 다가왔습니다. 그전에는 제가 하은이를 떠나 보냈는데 이번엔 하은이가 저를 보내 주어야 했지요.

공항에 마중 나온 하은이는 눈이 발갛게 충혈되어 저에게 안기더니 기어이 울고야 말았습니다.

"아빠, 이런 거였어. 난 몰랐어. 아빠가 이런 마음으로 날 보낸 거였구나. 아빠 미안해. 그리고 고마워. 아빠 사랑해."

우리 부녀는 공항에서 한참을 끌어안고 울었습니다. 보내는 마음을 알게 된 하은이는 제가 출국장으로 나간 뒤에도 한참 그 자리에 서 있었다고 말했습니다.

캄보디아를 떠나는 비행기 안에서 하나님께 오직 하은이를 위해 기도했습니다. 하나님의 딸로 4개월의 선교 여정을 무사히 마치고 더욱 성숙해서 돌아오게 해달라며 정말 간절히 기도했습니다.

파란만장한 새벽 예배

하은이는 약속한 4개월 뒤에 건강한 모습으로 우리 품에 돌아왔고 대학을 가기 위해 고입 검정고시를 준비했습니다. 당시 하선이는 홍천 전인기독학교에 전액 장학생으로 공부를 하고 있었는데, 하은이 소식을 듣더니 자기도 집으로 들어와 함께 공부하겠다면서 바로 실행에 옮겼습니다.

아내는 공부를 하겠다는 하은이와 하선이에게 시험공부를 하는 시간 동안 하루의 첫 시간인 새벽 예배를 드리라고 말했습니다.

"알았어, 엄마. 당연히 새벽 예배 드려야지. 내가 한국에 들어와 새벽 예배 안드린 적 있었어?"

"하은이는 집에 들어오자마자 시차 적응도 못한 채 다음 날부터 새벽 예배를 드리는 아이인 것 엄마도 알지. 엄마가 이렇게 당부하는 건 하선이 때문이야."

"엄마, 내가 뭘?"

"하선아, 엄마가 하선이에게 공부 잘하는 아이, 똑똑한 아이, 좋은 데 취직하는 아이가 되어 주기를 바라는 거 같아?"

"아니, 그건 아니지만…."

"하선아, 엄마는 너희 둘이 하나님의 말씀 안에서 바르게 살았으면 좋겠어. 특히 하선이는 하나님께서 생명을 살려 주셨잖아."

"그건 알지."

"그러면 생명을 살려 주신 주님의 뜻은 알아야 하지 않을까? 공부하기 전에 먼저 주님께 기도하고 하루를 시작하는 우리 딸이 되었으면 좋겠어."

"특별 새벽 기도회는 다 출석하잖아. 엄마, 나한테 일 년 동안 새벽 예배 드리라는 건 무리야."

"무리인 그 일을 우리 딸 하선이가 해내는 거야. 왜냐하면 넌 죽음의 문턱까지 갔다 온 아이거든. 하선아 넌 뭐든 할 수 있는 아이야."

"아, 알았어. 언니랑 하면 될 거 아니야. 할게, 새벽 예배."

저는 압니다. 아내가 왜 아이들이 새벽 예배를 드리게 하는지를요. 아내는 늘 얘기했습니다. 아이들이 고3이 되어 대학을 가기 위해 공부할 때 하루의 첫 시간을 주님과 먼저 만나 기도하고 싶다는 말을 했었거든요.

하선이가 조금은 염려스러웠지만 하은이와 함께이니 저도 믿고 뒤에서 기도로 동역하기로 했지요.

그때부터 하선이의 파란만장한 새벽 기도회가 열렸습니다. 하은이는 알람시계를 맞춰 놓고 시간 안에 일어나 준비를 했는데 하선이는 조금만 더 자면 안 되냐며 이불 안에서 나오려 하지를 않았습니다. 아내가 들어가 이불을 걷어야만 겨우 일어나 연신 하품을 하면서 교회를 갔습니다.

저는 아산병원 원목실에서 새벽 예배를 드리고 아내는 두 딸을 데리고 강릉중앙감리교회에서 새벽 예배를 드렸습니다. 하선이는 의자에 앉는 순간부터 잠을 잤다고 합니다. 하은이가 툭툭 치면 신경질을 부리며 깨우지 말라고 투덜대며 계속 잠을 잤다더군요. 하도 고개를 앞뒤로 젖히는 바람에 수변에서 하선이가 잠을 자고 있는 걸 모두가 알 정도였다고 합니다. 그런데도 하선이는 잠에 취해 자신의 행동을 알지 못했다며, 하은이는 새벽 예배만 드리고 오면 하선이 이야기를 했습니다.

하루는 하선이가 너무 심하게 잠이 들어 하은이가 옆구리를 좀 세게 때렸다고 합니다. 하선이가 갑자기 잠에서 깨더니 왜 때리느냐며 소리를 질렀다고 합니다. 모두가 기도하는 조용한 시간에 하선이의 까랑까랑한 소리가 성전을 가득 메웠다며, 창피해서 못살겠다고 하은이가 하소연을 하기도 했지요. 웃을 수도 울 수도 없는 순간이었습니다.

결국은 아내가 한 마디했지요.

"하선아, 너는 왜 교회에 가냐. 차라리 가지 마라."

"엄마, 무슨 소리야. 교회 가서 기도를 해야 한다고 말한 사람이 누군데?"

"너는 교회 가서 기도하는 게 아니라 아예 니 옆에 있는 언니를 망신을 주고 있잖아. 그리고 니가 김상훈 목사님 딸인 거 교회 식구들이 다 알아. 그런데 예배 시간에 목사님들께 죄송하게 그렇게 잠만 자고 있으면 무슨 창피냐."

"엄마, 엄마가 믿는 하나님과 내가 믿는 하나님이 다른 분이야?"

"얘가 또 무슨 소리를 하려고?"

"엄마, 들어 봐. 내가 믿는 하나님은 내가 잠을 자든 고개를 심하게 흔들든 그런 거 상관하지 않고 그 자리에 나와 앉아 있는 내 모습만을 보고 예쁘다고 말하시는 분이야. 엄마도 그랬잖아. 전도할 때 사람들에게 술 마시고 담배를 피워도 교회에만 나오라고, 교회에 나와 진심으로 예수님 믿고 예수님이 마음 안에 들어오면 그렇게 마시던 술도 안마시게 되고 피우던 담배도 끊게 만드시는 분이 하나님이라고…."

"그래서?"

"그러니까 내가 어떤 모습으로 교회에 가도 날 사랑하고 변화될 날 지켜보시는 분이 내가 믿는 하나님이라고."

"내가 말을 말아야지."

하선이의 논리가 하도 기가 찼는지 아내는 자리에서 일어났고, 제가 바통을 이어받아 이야기했습니다.

"허허허, 하선아. 그래도 잠 좀 줄이고 짧더라도 기도 좀 하고 와라. 아빠도 조금은 신경이 쓰이니까."

"알았어, 아빠. 내가 잠만 자는 게 아니야. 목사님 설교 말씀도 다 자면서도 듣고, 알아서 기도도 해. 걱정 마."

하선이는 검정고시 시험을 다 마치고 점수가 나오는 순간에도 하은이와 함께 새벽 예배를 드렸습니다. 하은이는 하선이가 잠을 잔다고 늘 얘기했고, 하선이는 개의치 않고 열심히 언니를 따라 교회에 갔습니다. 두 딸의 모습을 보면서 아내는 달라도 저렇게 다를까 하며 웃었지요.

누나들, 걱정하지 말고 결혼해!

하은이와 하선이의 시험 결과가 나왔습니다. 예상치 못한 결과에 우리는 다들 놀랐습니다. 하은이는 3등급, 하선이는 1등급이 나온 것입니다. 하은이가 조금 풀이 죽은 듯하여 등을 토닥여 주었습니다.

"하은아, 괜찮아. 점수가 중한 게 아니야. 하은이는 그렇게 공부하고 싶었던 유아교육과에 진학할 수 있으니 얼마나 좋아? 정말 잘한 거야."

그럼에도 하은이의 상심이 커 보였습니다.

"아빠, 난 정말 열심히 공부했어. 하선이는 공부하면서 잠을 잘 때도 난 진짜 최선을 다했어. 그런데 점수는 하선이보다 못나왔어."

"하은아, 너는 너야. 이런 거로 하선이와 비교하는 건 좋지 못해. 아빠는 성적과 상관없이 하은이 자체를 사랑하고 좋아하잖아. 이런 거로 동생과 비교하는 건 어리석은 사람의 모습이야. 아빠는 지금의 하은이가 자랑스러워."

"아빠, 고마워."

저는 아이들이 자신을 다른 사람과 비교하며 서로를 경쟁 상대로 삼으면서 힘들게 공부하는 걸 원하지 않습니다. 아이들이 현재 가지고 있는 그 모습을 사랑하고 그로 인해 자존감이 높은 아이들로 성장할 수 있도록 교육을 시킵니다.

그리고 성적에 맞는 과를 선택하는 게 아니라 아이들이 공부하고 싶어 하는 과를 스스로 선택하도록 우리 부부는 뒤에서 바라만 보았습니다.

저녁 식사 후 아이들끼리 자연스럽게 이야기를 나누는 걸 듣고만 있었습니다.

"언니, 언니는 유아교육과를 갈 거야?"

"응, 난 유아교육과를 나와 아프리카 선교사로 나갈 거야."

"그럼, 엄마 아빠의 노후는 내가 책임져야겠네. 언니는 선교사로 나가고 동생들은 저렇게 줄줄이 사탕처럼 많은데 엄마 아빠 노후는 누가 책임지겠어."

아내가 나서려는 걸 눈빛으로 나서지 말라고 제지를 하고 아이들의 이야기를 들었습니다.

"하선아, 너는 그러면 무슨 과를 갈 거야?"

"언니, 내가 왜 1등급이겠어. 난 간호학과에 갈 거야. 그럼 학교 졸업하고 나면 아빠가 있는 아산병원에 간호사로 취직할 거야. 아빠는 환자의 영혼을 치유하고 난 환자의 몸을 치유하는 간호사가 될 거야."

"그럼 간호학과로 선택한 거야?"

"응, 언니는 학교를 졸업해도 돈을 벌 수가 없잖아. 나라도 벌어야 우리 집을 책임지지."

조용히 대화를 듣던 하민이가 끼어들었습니다.

"그럼 언니들, 내가 운동을 하니까 소년체전에 나가서 메달을 받으면 상금이 나와. 그 상금으로 하선 언니의 등록금을 내 줄게. 그럼 언니가 간호사가 되어서 우리를 가르쳐."

"그래, 상금이 많이 나오냐?"

"그건 모르는데 선배들이 메달을 따면 상금을 받더라고."

"알았어. 그럼 너는 운동을 열심히 해서 이 언니 뒷바라지를 해줘. 그럼 언니가 학교를 졸업하고 돈을 벌면 그때는 너희 뒷바라지를 할게."

갑자기 하은이가 하선이에게 말했습니다.

"그런데, 그러다 너 결혼하면 어떻게 하냐. 결혼할 수도 있잖아."

"그러네, 그 생각을 못했네. 내가 결혼하면 동생들은 어떻게 하지?"

그때 요한이가 말했습니다.

"에이, 누나들. 그때는 내가 외교관이 되어 있을 거잖아!"

"요한아, 너 정말 외교관 될 거야? 수학과 과학을 잘해서 과학자가 된다며?"

"외교관이 되든 과학자가 되든 그때는 내가 돈을 벌잖아. 누나들 걱정하지 말고 결혼해."

"그럼 되겠네. 동생들이 많으니 이럴 때 좋네."

저와 아내는 아이들의 이야기를 들으며 누가 먼저랄 것도 없이 두 눈에 눈물이 가득 고여 서로를 쳐다보며 행복한 울음을 삼켰지요.

이런 대화를 나누던 아이들이 어느 새 성장하여 하은이는 캐나다 밴쿠버의 써리라는 지역에서 유아교육을 공부하고 있고, 부모의 노후와 동생들을 책임지겠다던 하선이는 벌써 간호학과 졸업반인 4학년이 되어 열심히 실습하고 있습니다. 마음껏 뛰어놀며 하나님을 사랑하며 더불어 이웃을 사랑하는 우리 집 아이들은 길 위에서 더 많은 지혜를 배우며 부모를 감동시키는 아이들로 성장하고 있습니다.

외교관에서 과학자로 바뀐 요한이의 꿈

하선이가 아플 때 저는 '하선이만 살려주신다면…' 하고 기도했습니다. 요한이가 혼자만의 세계에 들어가 나오지 않았을 때도 그저 글 읽고 쓸 줄 알고, 더하기 빼기만 할 줄 알아도 소원이 없겠다며 아내와 이야기하던 시절도 있었죠.

그런데 아이들이 건강해지고 몸이 회복되기 시작하니 저도 생각이 바뀌었습니다. 그래도 사회에 나가 무언가 특기를 살려 잘하는 일을 하며 살기를 바라는 마음이 생긴 것이죠. 사람의 욕심은 끝도 없다는 걸 알았습니다.

요한이는 고학년으로 올라가면서 공부도 곧잘 하고 친구들과도 잘 어울려 놀았습니다. 외우는 것도 잘하고, 수학 문제는 하나를 알려 주니 바로 이어 다른 문제도 척척 풀어 나가더군요. 그런 요한이를 보며 저는 꿈을 꾸기 시작했습니다. 아내는 너무 욕심 부리지 말라고 했지만 그래도 저는 '우리 집안에 공부 잘하는 아이가 한 명쯤은 나와도 좋겠다'는 생각을 했습니다.

우리 집안 형편이 학원이나 개인 과외를 시켜 줄 수 없어서 제가 요한이의 선생님이 되어 주었습니다. 수학 같은 경우는 제가 먼저 문제를 풀어 보고 요한이에게 가르쳐주는 방식으로 공부했죠. 영어는 저도 어느 정도 기본 실력이 있었기 때문에 무리가 없었습니다. 6학년부터는 본격적으로 홈스쿨을 했고, 요한이는 제가 이끄는 대로 잘 따라와 주었습니다. 요한이는 바로 검정고시를 보고 수학과 과학을 따로 공부했습니다. 그리고 중학교부터는 다시 학교에 다니고 싶다고 하기에 입학을 했습니다.

아내는 중학생이 된 요한이를 데리고 베트남으로 여행을 떠났습니다. 베트남은 요한이를 낳아 준 분들의 나라, 우리 부부에게 소중하기 그지없는 귀한 나라이지요. 우리는 요한이가 이 나라를 바르게 받아들이기를 바랐습니다. 그래서 요한이가 중학교에 올라가면 여행을 하게 하자고 미리 계획을 세워 두었습니다.

아내와 저는 아이들을 키우면서 무엇을 하든, 무슨 일이 생기든 아이들에게 정직하자고 이야기합니다. 아이들에게 있는 그대로, 진실을 이야기하자고 다짐을 했지요. 그리고 아이들이 그 사실을 받아들일 동안 묵묵하게 지켜주고 함께하자고 이야기했습니다. 그런 취지에서 이번 여행은 요한이에게, 그리고 우리 부부에게 굉장히 의미가 큰 시간이었습니다.

요한이는 아내와 함께 베트남 여행을 잘 마치고 돌아왔습니다. 여행을 다녀오고 난 뒤 요한이에게 변화가 생겼습니다. 하루는 요한이가 제게 그러더군요.

"아빠, 난 그동안… 솔직히 말하면 할 게 없어서 공부만 했어."

뜻밖이었습니다. 우리는 요한이가 공부하는 것을 좋아한다고 생각했으니까요. "아빠가 잘못 알았구나" 하니 요한이가 그럽니다.

"엄마랑 아빠, 선생님들도 나더러 공부를 잘한다고 하니 한 거야. 내가 좋아서 한 공부는 아니었어. 그런데 이제부터는 내가 하고 싶어서 공부할라고. 엄마랑 베트남 여행을 하면서 깨달은 게 있어."

“베트남에서 엄마랑 이야기를 많이 했나 보구나.”

“아니야, 엄마랑은 집에서보다도 더 말을 안 했어. 그냥 엄마 손만 잡고 돌아다녔어. 솔직히 베트남을 보면서 ‘날 낳아 주신 분들의 나라다’라는 마음은 없었어. 난 그냥 엄마 아빠의 아들이야. 내 고향은 대한민국이고.”

“그렇지.”

“그전에는 베트남에 와서 외교관 선교사가 될 거라는 생각을 했는데, 사실 그건 내 진짜 꿈이 아니라는 걸 알게 됐어. 난 엄마 말대로 내가 좋아하는 걸 할 거야. 아빠, 난 수학과 과학이 좋아. 그냥 수학과 과학을 마음대로 할 수 있는 과학자가 되고 싶어.”

요한이는 그렇게 자신의 진로를 확고하게 정하고 지금은 고등학교에 진학했습니다. 고등학생이 된 후에도 카이스트에 입학해 과학자가 되겠다며 수학과 과학 위주의 공부를 더욱 열심히 하고 있지요. 사실 저는 은근히 요한이가 외교관이 되길 원했던 것 같습니다. 그러나 요한이가 제가 원하는 길이 아닌 자신이 가기 원하는 길을 바르게 걸어가고 있어 아내에게 얼마나 감사한지 모릅니다.

자기가 하고 싶은 것 하고 살게 해줘유

아내는 아이들에게 "너희가 하고 싶은 일을 하라"고 늘 이야기합니다. 아이들은 부모에 의해서 길들여지면 안 된다고, 아이들 스스로 자기 주변을 길들이며 살아가야 한다고요. 그러고 보면 아내와 저는 정반대였습니다. 저는 아내를 만나기 전까지만 해도 공부 잘하고, 사회에 나와 좋은 직장에 취업하고, 좋은 사람 만나 결혼하고, 아이 낳고 알콩달콩 살기를 꿈꾸었던 사람입니다. 그런데 아내는 늘 새로운 길로 걷기 원하고, 새로운 일을 찾아 자기 일로 만들어 가는 걸 즐기는 사람입니다. 정해져 있는 일을 하기보다는 자신이 무언가 일을 찾아서 만들어 가는 걸 더 좋아하는 편이지요.

아내는 아이들에게도 그렇게 가르칩니다. 세상에는 공부보다 더 소중한 게 많으니 전 세계를 품고 너희가 할 수 있는 걸 향해 전진하라고요. 그럴 때마다 저는 이렇게 말했지요.

"공부도 중요해유."

그렇지만 지금은 이렇게 말합니다.

"우리 아이들이 하고 싶은 걸 해라!"

열한 명의 아이들을 키우면서 저 역시 소신이나 신념이라고 하는 게 많이 바뀌었습니다. 그러면서 과거 제 안에 '공부만 잘하면 된다'라는 생각이 참 크게 자리 잡고 있었다는 걸 알게 되었지요. 그러나 이제는 저도 달라졌습니다. 하나님을 알고, 하나님이 원하시는 바른 길을 걷는다면 아이들이 무얼 하든 응원하고 함께하고 있습니다.

자세를 바꿔 바라보니 아이들의 모습이 보였습니다. 요한이처럼 공부하기를 좋아하는 아이가 있는가 하면, 조금만 공부해도 몸을 뒤틀고 수시로 화장실을 가거나 물을 먹으러 일어나는 아이들도 있더군요. 그런 아이들은 공부에 흥미가 없는 것이었어요.

그런데 그런 아이들이 운동장에서 공을 찰 때는 아주 열정적으로 돌변합니다. 그런 아이들은 운동을 시키면 좋겠다는 생각을 했죠. 그 중 사랑이가 유독 운동하는 데 소질을 보였습니다.

어떤 운동을 시키면 좋을까 아내와 고민하다가 사랑이의 발목이 다른 아이들보다 유난히 얇다는 것을 알았습니다. 발목을 보완할 수 있는 운동을 찾다 보니 다리 운동에 가장 좋은 쇼트트랙을 생각하게 되었습니다.

강릉에 유일하게 쇼트트랙 특성화 학교가 창립되었고, 아내는 바로 사랑이를 연곡초등학교 2학년으로 전학을 시켰습니다. 공부보다는 놀기를 좋아하고 운동하는 걸 좋아하는 다니엘도 함께했죠. 두 형제에게 스케이트 신발을 신겨 운동을 하게 했더니 초등학교 4학년부터는 나란히 강원도 대표 선수가 되어 전국 대회에 참가하게 되었습니다.

그런데 운동선수의 길을 쉽지만은 않았습니다. 새벽 운동, 오후 운동을 하며 아이들이 감당하기에는 쉽지 않은 훈련을 매일같이 해야 했습니다. 그러나 아이들은 묵묵하게 자신들의 길을 걸어 나갔습니다. 그 모습을 보면서 아버지로서 마음도 많이 아팠습니다.

하루는 두 아들이 엉덩이가 시퍼렇게 멍이 들어 왔습니다. 기록이 오르지 않는다는 이유로 맞았다는 것입니다. 저는 엉덩이에 약을 발라 주면서 마음이 무너졌습니다. 운동 그만하면 안 되겠냐는 말을 하기도 했지요. 그런데도 아이들은 포기하지 않았습니다. 자신이 하고 싶어 하는 일에는 어려움도 있지만 그걸 극복하고 넘어설 때 결과는 더욱더 값지다는 걸 알아 갈 거라는 생각에 저 역시 전폭적으로 믿고 지지해 주어야겠다고 생각했습니다.

그런데 그런 아이들에게도 슬럼프가 찾아왔습니다. 언제부턴가 아이들이 지쳤는지 운동하는 걸 힘들어하고 얼굴에 웃음을 잃어 갔습니다. 그러던 중 강원도 평창에서 2018년 동계올림픽 개최가 확실시되면서 쇼트트랙이 활성화되었습니다. 그 덕분에 강원도 꿈나무인 우리 두 아들에게 장비료와 코치비가 지급되었지요. 사랑이와 다니엘은 다시 힘을 냈습니다. 강원도 대회에서 다니엘은 500미터 대회 신기록을 내기도 했고, 서로 주거니 받거니 금메달 은메달을 나눠서 목에 걸기도 했지요. 아내는 두 아이를 데리고 열심히 빙상장을 찾았고, 대회마다 함께하며 힘을 불어넣어 주었습니다.

그런데 2017년, 초등학교 마지막 전국대회를 준비하면서 대한민국을 발칵 뒤집어 놓은 '최순실 사태'가 터지면서 지원받아야 할 모든 지원금이 동결되었고, 우리 집은 위기에 놓이게 되었습니다. 대회를 앞두고 아이들의 모든 장비를 미리 지급받은 뒤 그에 대한 비용은 지원금이 나오면 나중에 갚기로 했는데, 전년도만 해도 도 대표 선수들에게 나왔던 지원금이 나오지 않는다는 걸 알았습니다.

학교에서는 대책이 없었습니다. 미리 받은 장비에 대한 비용이 고

스란히 빚으로 남았습니다. 게다가 아이들이 운동해야 하는 빙상장이 올림픽을 앞두고 공사를 하는 바람에 사비를 들여 대전으로 전지훈련까지 다녀오며 기량을 넓혔는데, 거기에 장비까지 자부담하려니 쉽지 않았습니다. 아이들을 운동시키기에는 우리 집이 가난하다는 걸 알게 되었습니다.

그렇다고 사랑이와 다니엘의 초등학교 마지막 빙상전국체전을 포기할 수 없었습니다. 아이들이 초라하게 은퇴하는 모습을 볼 수는 없었습니다. 아이들에게 마지막까지 최선을 다했다는 기억을 남겨 주고 싶었습니다. 아내와 저는 이렇게 결론을 내리고 전액 자부담으로 아이들을 훈련시켰고, 결국 사랑이와 다니엘은 쇼트트랙 선수로 초등학교를 졸업했습니다.

그 일이 있고 난 뒤 아내는 늘어나는 집안의 빚을 조금이나마 갚아 보겠다며 시간이 날 때마다 아르바이트를 했습니다. 비록 우리에게는 더 많은 빚이 남았지만 그래도 기뻤습니다. 그 돈을 수험료 삼아 아이들이 끝까지 포기하지 않고 최선을 다하는 기쁨을 배웠다면 그만이라 생각했습니다. 어떤 순간에도 좌절하지 않고 해결해 나가는 아내는 제 마음 안에 이미 잔 다르크입니다.

사랑이와 다니엘은 중학교에 입학했고 변함없이 운동을 하고 싶어 했습니다. 지금 사랑이는 사격 특성화학교인 사천중학교에 입학해 사격선수로 활동하며 훈련하고 있습니다. 다니엘은 축구를 하고 싶어 해서 강릉중학교 축구부에 들어갔고, 지금은 육상선수로 체전을 준비하고 있습니다.

공부하기 싫어하는 아이를 강제로 책상에 앉혀 놓았다면 어찌 됐을까 생각해 봅니다. 억지로 몇 글자 더 외웠을지는 몰라도 고난을 딛고 이뤄 내는 기쁨이 얼마나 값진 것인지는 배우지 못했겠지요. 여러 우여곡절을 겪으면서 어려서부터 자기가 하고 싶은 일을 하도록 지켜보는 것도 좋다는 걸 알게 되었습니다.

아내는 늘 저에게 이렇게 이야기합니다.

"모든 책임은 부모가 감당하고 아이들은 자기가 하고 싶은 일 하면서 살게 해줘유."

하민이의 새로운 꿈을 응원해

한결이가 홈스쿨이 끝나갈 무렵 요한이가 진지하게 고민을 상담해 왔습니다.

"아빠, 지금 내가 중2인데 난 학교에서 공부하는 게 조금 힘들어."

"뭐가 힘든데?"

"시간표를 정해 놓고 공부하는게 나하고 잘 안 맞나 봐. 난 수학을 공부하면 몇 시간씩 수학에만 매달리고 싶고, 과학을 공부하면 내가 그만하고 싶을 때까지 과학 공부만 하고 싶은데 학교 교육이라는 게 골고루 다 해야 하잖아. 난 수학하고 과학 위주로 공부를 하고 싶어."

"그럼 다른 과목은 어떻게 하고 싶은데?"

"그래서 말인데, 나 3학년부터 다시 홈스쿨을 하고 싶어."

다시 홈스쿨이라… 고민이 되었습니다. 사실 한결이까지 홈스쿨을 마치고 나면 이제 홈스쿨은 끝이라고 생각했습니다. 그런데 다시 홈스쿨을 하게 된 것입니다. 그때 요한이와의 대화를 듣고 있던 하민이가 조심스럽게 말을 꺼냈습니다.

"아빠, 나도 내년에는 고등학교를 진학해야 하는데, 아무래도 운동만 해서 그런지 기초가 많이 부족하다는 걸 느껴. 그래서 나도 고등학교를 진학하지 않고 요한이랑 같이 홈스쿨을 해서 하은 언니, 하선언니처럼 대학을 가고 싶은데, 괜찮을까?"

갑자기 두 아이가 홈스쿨을 하고 싶다고 하니 일단은 엄마와 상의해 보겠다고 하고 결정을 다음으로 연기했습니다.

하민이는 초등학교 3학년부터 수영을 했습니다. 강릉에 이사 오면서 하민이에게 좋은 취미활동이 뭐가 있을까 고민하다가 우리가 사는 집 뒤에 수영장이 있는 것을 보고 취미로 시키기 시작한 운동이 시간이 지나면서 선수 생활을 하게 된 것이지요.

처음에는 시합에 나가 메달을 받아 오면서 하민이도 재미있어 했어요. 운동 위주의 학교 생활을 하면서 자연스럽게 공부에서 멀어지게 되었지요. 중학교에 진학을 해서도 운동을 계속 하고 싶어 했습니다. 그런데 몸무게가 늘어나면서 수영보다는 레저스포츠 쪽 운동에 관심을 가지게 되었고, 자전거 여행 중에 속초 영랑호에서 선수들이 카누 타는 모습을 보면서 운동 종목을 바꾸고 싶어 했습니다.

아이가 할 운동인데 하고 싶어 하는 운동을 하게 해주는 게 맞는 거라 생각하고 전국에 카누 팀이 있는 중학교를 알아보기 시작했습니다. 속초와 삼척에 학교가 있었는데 전국 대회에서 입상을 하지 못하는 팀들이었습니다. 카누로는 전국 최강이라는 충북 쪽으로 알아보니 증평여자중학교가 카누 선수를 잘 키워 내고 있고, 감독의 명망도 높아 신뢰가 갔습니다.

직접 학교에 전화를 하고 찾아갔습니다. 아이들이 운동하는 호수도 둘러보고 기숙사인 숙소도 보면서, 무엇보다 감독님과 코치님을 뵈면서 하민이를 믿고 맡길 수 있겠다는 강한 신뢰가 들었습니다.

아내는 결정하고 나면 시간을 끌지 않고 바로 진행을 하는 편입니다. 집에 와서 바로 전학 수속을 밟아 하민이를 내려보냈습니다. 한 학기 동안은 금요일 저녁이면 강릉으로 올라오고 주일 저녁에 내려가기를 반복했는데, 그래서인지 하민이가 많이 힘들어하더군요.

지쳐 있는 하민이를 위해 아내는 자신이 내려가는 길을 선택했습니다. 격주로 나누어서 한 주는 아내가 내려가 하민이를 돌보아 주고 또 한 주는 하민이가 올라오게 했죠. 중3 소년체전에서 하민이는 카누 K4경기에서 동메달을 받고 강릉 집으로 복귀를 했습니다.

그러던 어느 날 하민이는 또 청천벽력 같은 이야기를 했습니다. 교회에서 선교사님들의 삶을 담은 선교 영화를 보여주었는데 강한 이끌림이 있었다며, 눈물을 쏟으며 하나님께 선교사가 되겠다고 약속을 했다는 것입니다. 그러면서 하은 언니처럼 선교사가 되겠다고 했습니다.

아내는 화가 많이 났습니다.

"야, 이눔의 지지배야. 니가 운동하겠다고 해서 그 먼 데까지 보내고, 오고 가는 길이 힘들다고 해서 그 먼 길을 엄마도 격주로 내려가서 같이 운동하는 아이들 간식에 밥도 사주고, 상금 받은 거는 다 코치님께 간식비로 쓰라고 드리면서도 오직 니가 하고 싶다는 그 말에 이렇게 뒷바라지를 했는데, 이제 와서 선교사가 되겠다고? 너는 지금 엄마 가지고 놀리냐? 지금 장난하는 거야? 차라리 수영에서 카누로 종목 바꿀 때 운동 안 한다고 했으면 2년이나 길거리에다 시간 낭비 안 했을 거 아녀?"

"엄마, 미안해. 아무리 생각해도 운동은 못하겠어. 그리고 내가 운동을 하면서 깨달은 게 있어. 나는 일등 하겠다고 승부욕에 불타 악착스럽게 운동하는 성격이 아니야. 나는 일등을 원하는 게 아니고 그저 즐겁게 운동하고 싶었던 거야. 그런데 선수로 뛰다 보니 금메달만 대접받는 게 보이니까 자꾸 자신이 없어져. 운동하면서 내가 자꾸 거칠어지는 것도 싫고, 운동 잘하는 아이들한테 혼나고 욕 듣는 그런 분위기도 정말 견디기 어려워. 엄마도 알다시피 난 성격이 빠릿하지 않고 좀 느리잖아."

하민이의 이야기를 들으며 어린 게 멀리서 혼자 참 힘들었을 거란 마음이 들어 저는 하민이가 원하는 대로 이 아이의 꿈을 응원하자고 마음먹었습니다. 아내가 어떻게 받아들일지는 조금 염려가 되었지요. 아내가 말한 것처럼 아내는 정말 헌신적으로 하민이를 뒷바라지 했으니까요.

그런데 그런 아내도 하민이의 진심어린 말을 들으면서 조금씩 마음이 풀어지고 있었습니다.

"엄마, 난 내가 자꾸 운동선수들이 쓰는 거친 말을 쓰고 늘 화가 나 있는 것같이 감정적으로 힘들게 사는 지금의 이런 시간들이 너무 견디기 힘들어. 집에서 가족들과 함께 공부하면서, 하은 언니처럼 선교사를 꿈꾸면서, 가족의 축복을 받으면서 기도하고 싶어."

결국 하민이는 참았던 눈물을 터트렸습니다. 아내는 그런 하민이를 안아 주었지요. 하민이는 엄마 품에서 한참을 울었습니다.

"하민아, 엄마는 니가 그렇게 힘들게 운동하고 있는 줄 몰랐어. 늘 재밌다고 하니까 그런 줄 알았잖아. 가벼운 부딪힘은 어느 곳이나 있는 거니 잘 극복할 거라 생각했고. 그렇게 힘들면 운동 안 해도 좋아. 그렇지만 엄마는 하민이가 운동이 하기 싫으니까 선교사가 되겠다고 생각하는 건 아닌지 염려가 되는 거야. 우리 집의 분위기가 아빠가 목사고 하은 언니가 선교사를 꿈꾸고 있으니까, 혹시 하민이도 하기 싫은 운동 안 하고 선교사가 되겠다고 말하면 가족 모두 환영할 거라고 생각하고 되고 싶지도 않은 선교사가 되겠다고 거짓말을 하는 건 아닌지 솔직히 걱정 돼."

저는 성장하는 아이들과 미래의 꿈에 대해 많은 이야기를 나누었습니다. 아내는 가급적이면 아이들이 하고 싶은 게 무엇인지를 많이 들어주는 편입니다. 그런데 저는 조금은 세상적으로 안정적인 걸 하도록 유도하는 편이지요. 어린 아이들이 자기가 하고 싶은 게 뭔지 어떻게 알까 하는 생각이 있었거든요. 아직 아이들은 세상을 잘 모르고, 그 많은 직업 중 알고 있는 것도 고작 몇 개밖에 되지 않으니 아이들이 하고 싶어 하는 것을 잘 연결해 주는 것이 부모의 역할이라고 생각했습니다. 그러나 결국 그것은 아이들에게 부모의 생각을 주입시키는 것이었다는 걸 아내와 하민이의 대화를 통해서 알게 되었습니다.

사실 저는 아이들이 운동을 하고 강원도 대표로 경기에 나가는 것이 좋았습니다. 어려서부터 방송이나 언론에 많이 비쳐지다 보니 알아보는 사람들도 많고, 그래서 어릴 때부터 주목받는 자리에서 살아가면 좋겠다는 생각이 제 안에 있었던 것이죠. 저의 욕심이 하민이를 힘들게 해왔다는 사실을 깨닫고 회개했습니다.

아이들을 키우면서 하나님께 한 약속이 있었습니다. 아이들을 절대 저의 소유로 생각하지 않겠다는 것과, 내가 원하는 삶을 살게 하지 않고 하나님의 자녀로 바르게 성장하도록 돕겠다는 것이었죠. 그런데 결국에는 제가 원하는 방향으로 아이들을 양육하고 있는 저를 보게 되었습니다.

저는 아이들이 중간에 다른 삶을 살 수도 있고 다른 꿈을 꿀 수도 있다는 걸 별로 염두에 두지 않았습니다. 한 길만을 직진하며 걸어가기를 바랐습니다. 있는 그대로의 우리 아이의 모습을 사랑하겠다고 한 저는 거짓말하는 아빠였습니다.

아이들을 바라보는데 너무 미안했습니다. 미안한 마음을 어떻게 표현해야 할지 몰라 주저하고 있을 때 아내와 하민이가 계속해서 대화를 이어 나갔습니다.

"엄마, 운동이 하기 싫어서 선교사가 되겠다고 하는 건 아니야. 중학교 와서 난 운동선수로서는 자질이 많이 부족하다는 걸 알았어. 그러고 보니 내가 진짜 하고 싶은 게 보인 거야. 난 선교사가 되고 싶어. 내가 아이들을 좋아하고 봉사하는 걸 즐거워하고 앞에서 리더로 서기 보다는 뒤에서 남은 일을 정리하는 걸 더 좋아한다는 걸 알게 된 거야. 엄마, 그전에는 운동하는 게 재미있었어. 누군가와 경쟁해서 무조건 메달을 받아야 한다고 느끼기 전까지는. 그런데 나는 경쟁하며 사는 삶이 싫어. 엄마 말처럼 경쟁하지 않고 함께 걷고 싶어. 서로 도와주며 함께하고 싶어."

"하민아, 엄마는 하민이가 힘들고 장애물이 있다고 해서 쉽게 포기하는 삶을 살까 염려가 됐어. 혹시나 운동을 잘하는 친구들보다 더 잘할 자신이 없어 도망가려고 하는 건 아닌가 해서 화도 났던 거야. 그렇지만 엄마는 늘 너희의 꿈을 응원해. 하민이가 운동선수이고 메달을 받아 와서 예쁜 게 아니라 그냥 너이기 때문에 지금의 너를 사랑해. 여기 우리 아들딸들 모두 다 마찬가지야. 엄마는 너희가 너무 예쁘고 사랑스러워. 그래서 너희가 하고 싶은 일이 있다면 진심을 다해 응원할 거야. 엄마 아빠가 좋아하는 일이 아니라고 해서 응원 안 하는 어리석은 엄마는 안 될 거야. 엄마는 너희를 품을 때부터 주님 안에서 바르게 잘 키워 세상에 내보내겠다고 약속했어. 그건 엄마 기준이 아니라 너희가 원하는 삶을 기준으로 한 약속이야."

"엄마, 고마워. 나 기초가 부족한데 더 열심히 공부해서 하은 언니처럼 대학도 가고, 선교사가 될게."

"하민아, 선교사가 되겠다는 생각은 지금 안 해도 돼. 그저 지금은 학생이니까 공부는 해야겠지. 그리고 그때 가서 정말 하민이가 하고 싶은 일을 해도 되는 거야. 엄마는 하민이의 꿈을 응원하고 도울 거야."

결국 아내는 하민이에게 졌습니다. 아니, 진 것이 아니라 하민이의 새로운 꿈을 응원하게 됐습니다. 그것이 참 사랑임을 다시 한 번 저에게 가르쳐 줬습니다. 이번 하민이 일도 훈훈하게 마무리 되었지요.

"엄마, 고마워."

"나도 고맙다. 아까 엄마가 소리 지르고 화내서 미안하고."

"아니야. 엄마는 그게 더 편해. 소리 지르고 혼내는 엄마. 히히히."

"누가 들으면 엄마가 맨날 소리 지르고 혼내는 줄 알겠다."

하민이에게 미안하다고 사과하는 아내를 보면서 저는 늘 아내보다 한 발 늦게 깨닫는다는 걸 또 알았습니다. 화를 내고 소리를 지르는 것도 아내가 하고 깨닫고 돌아서는 것도 늘 아내가 먼저 합니다. 저는 뒤에서 가만히 듣고 있다가 늘 늦지요. 저는 왜 이렇게 늘 느릴까요?

아내와 경포호수를 산책하며 이야기를 나누었지요.

"마누래. 미안해유. 난 늘 마누래보다 늦어유."

"하은 아빠, 우리가 살아온 세월이 얼만디 아직두 그런 생각을 하고 사남유. 그렇게 생각하면 하은 아빠가 답답한 사람으로 느껴지잖아유. 그럴 때는 이렇게 생각하면 돼유. 내가 느린 게 아니구 마누래가 빠른 거라구."

"허허허, 그러네유. 난 느린 게 아니구먼유. 마누래가 나보다 빠른 거지유. 마누래 고맙구먼유."

저는 또 하나의 깨달음을 얻었습니다.

다자녀라서 좋아

선교사가 되겠다는 계획이 생긴 후로 하민이는 언니들과 많은 이야기를 나눴습니다. 하은, 하선이는 하민이가 가장 잘할 수 있는 것들을 도와주었지요. 다자녀 가정의 바른 모델을 보는 듯했습니다.

우리나라는 어느 틈엔가 다자녀 가정이 많이 사라지고 있습니다. 요즘은 자녀가 셋만 있어도 그렇게 많은 아이들을 어떻게 키우냐는 소리를 듣지요. 넷이면 아빠가 능력자라는 말을 한다고 합니다. 우리 집은 열한 명이니 제가 능력자 중에 초능력자인가 하는 생각을 해봅니다. 뭐, 능력자는 맞는 것 같아요.

보편적으로 사람들은 자녀가 많으면 돈이 많이 들 거라고 생각합니다. 그래서 '부자라야 자녀를 많이 낳지' 하고 생각합니다. 그런데 자녀는 결코 돈으로 양육할 수 있는 존재가 아닙니다. 오직 주님의 말씀과 하나님을 아는 것만 가지고도 아이들을 양육하는 데 부족함이 없죠. 저는 그 사실을 성경으로 아이들을 가르치고 키우면서 알게 되었습니다. 물론 시간이 많이 걸렸지만 말입니다.

그걸 깨닫기까지 포기하고 싶었던 적도 많았습니다. 수도 없이 그만하고 싶었지요. 물론 그런 말을 입 밖으로 내뱉은 적은 없습니다.

예수님께서는 우리 안에 있는 안전한 99마리의 양보다 우리 밖에서 떨고 있는 한 마리의 양에게 더욱 관심을 가지십니다. 그리고 그 한 마리 양을 우리 안으로 들어오게 하시는 분입니다. 그 사실을 마음으로 가득 받아들이고 나서부터는 저도 어느 틈엔가 우리 밖의 단 한 명의 아이를 바라보고 있었나 봅니다.

시간이 흐르면서 주님께서 생명을 살리는 일을 하시기 위해 이 땅에 오셨다는 것과, 우리의 삶이 오직 생명을 살리는 사명을 받았다는 걸 알게 되었습니다. 그러면서 더욱 아이들을 가슴으로 품게 되었어요. 아이들과 살아가는 모든 순간마다 물질이 아닌 사랑과 하나님의 말씀으로 하나가 됨을 알게 되었지요.

하민이는 더욱 주님을 알기 원했고, 교회학교에서 보조교사로 일을 했습니다. 그러면서 친구 같은, 때로는 이모 같은, 제2의 엄마 같은 방은하 선생님을 만났지요. 방은하 선생님은 늘 하민이를 데리고 다녔습니다. 그들 부부가 식사하는 자리에도 하민이를 데리고 다녔고 교회 안에서 하민이는 그분들의 가족이었습니다. 따뜻하고 좋은 어른의 사랑과 관심 안에서 하민이는 운동선수였던 지난 과거를 벗고 이루고자 하는 꿈을 향해 전진하기 시작했죠.

처음 하민이는 간호사가 되어 국경 없는 의사 선교회에서 간호 선교사가 되고 싶어 하선이와 많은 이야기를 나누었습니다. 하선이는 마치 자신의 일처럼 여기며 하민이에게 많은 조언을 아끼지 않았죠. 학교 과목의 기초가 부족한 하민이에게 과학과 수학은 중요한 거라고 집중해서 공부해야 한다는 말도 해주었습니다. 조언에 따라 하민이는 수학과 과학 수업에 매달렸지요. 그런데 짧은 시간 안에 많은 걸 알기에는 하민이의 학습 능력이 따라와 주질 못했습니다.

"하민아, 너는 이 정도면 간호학과 와서 학점 받기 쉽지 않아. 영어도 안 되는데 4년 공부하기 쉽지 않아."

"언니, 그럼 어떡해야 해? 난 이과는 아무래도 아닌가 봐."

"선교사가 되고 싶은 거지 간호사가 되고 싶은 건 아니잖아?"

"응, 언니. 난 공부 많이 하는 거는 아무래도 힘들 것 같아."

"그럼, 차라리 사회복지를 전공해. 그래서 NGO쪽 일을 해도 되고, 영어만 되면 아프리카 쪽으로 나갈 수 있으니 언니처럼 자비량 선교사도 가능해. 차라리 영어 쪽으로만 공부하고 다른 건 기본만 하는 거로 하자. 하민이가 너무 기초가 없어 힘들겠어."

"언니, 난 사회복지도 좋아. 엄마 아빠가 해왔던 일을 보고 살았으니 잘할 자신 있어. 난 누군가를 돕는 일을 하고 싶으니 사회복지 쪽 공부가 나랑 더 맞는 거 같아."

"그게 좋겠다."

하선이는 늘 하민이를 위해 자료도 찾아 주고 하민이가 하고 싶은 일을 하도록 많은 도움을 주었지요.

우리 부부는 하민이가 하고 싶어 하는 일에 대해 어떠한 얘기도 해주지 않았습니다. 자녀의 장래를 부모가 관여하여 결정하기 보다는 하민이 스스로 꿈을 계획하고 목표를 세워 이룰 수 있도록 도와주었고 교육의 주체가 하민이가 되기를 바랐습니다.

가정의 자녀가 많을수록 형제간의 우애가 깊다는 말을 실감합니다. 자녀끼리 함께하는 시간이 많아져서 서로를 많이 도와주고 배려하는 아이들로 자라지요. 먹을 것이 있으면 여럿이 나누어 먹으니 양보하는 마음도 생겨납니다. 큰 아이들이 먼저 배워서 작은 아이들을 도아주다 보니 서로가 서로에게 부족함을 채워 주는 넉넉한 성품의 소유자로 자라기도 합니다. 다자녀 가정에서 자라는 아이들은 학교에서 줄 수 없는 귀한 사회성을 배웁니다. 그래서 가정도 학교가 될 수 있는 거지요.

누나~나도 보탤게

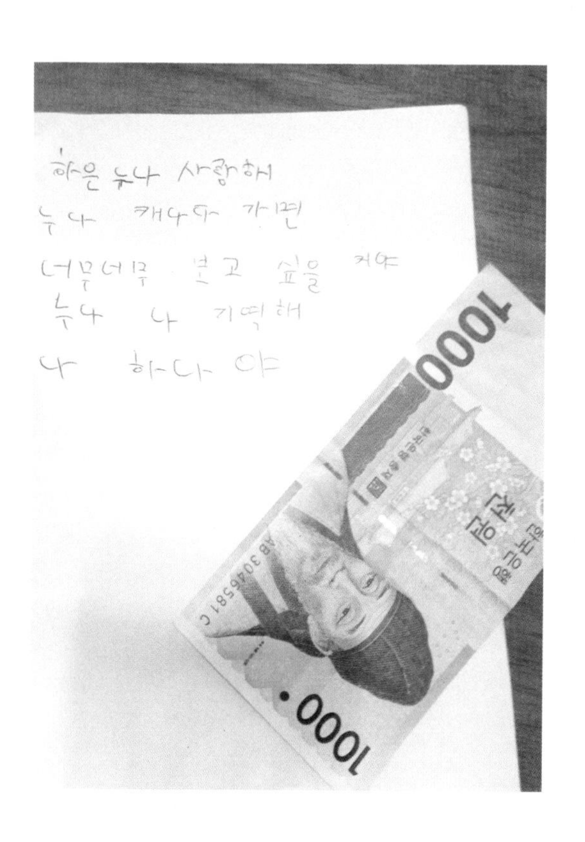

하은 누나를 참 좋아하는 하나의 코 묻은 돈

사랑이와 다니엘의 쇼트트랙 선수 시절

아이들이 딴 메달들

하민이의 카누 선수 시절

하선이의 나이팅게일 선서식

점프 점프

사랑해유

궁금한 게 있어요

Q 자녀들이 무엇을 잘하고 좋아하는지 잘 관찰하는 모습이 책에 나오는데 생각보다 쉽지 않습니다. 자녀를 향한 하나님의 계획을 발견하고, 자녀도 하나님이 주신 꿈을 꾸고 그 꿈을 이루기 위해 부모가 도울 일을 알려 주세요.

A 저희는 무엇보다 세상을 바라보며 욕심을 부리지 않으니까 길이 보였습니다. 제 기준에 맞추어 "이 아이는 공부를 잘해야 해", "이 아이는 그림을 그려야 해"가 아니라 아이들이 하고 싶어 하는 걸 볼 수 있도록 노력했습니다. 세상에서는 인정해주지 않는 일일지라도 아이가 좋아한다면 격려하고 칭찬하고 좋아해 주니 아이들이 더욱 힘이 나서 최선을 다하려고 했지요.

우리 자녀들이 운동을 선택할 때 비인기 종목일 경우가 많습니다. 누구에게 잘 보이기 위해 하는 게 아니라 아이들이 좋아서 하는 거지요. 그 종목이 인기가 있든 인기가 없든 아이들이 좋아하면 그거면 된 것이지요. 우리 집은 공부를 못하든, 공부를 잘하든 아무 의미를 부여하지 않습니다. 그저 자녀들이 하고 싶은 일을 하도록 격려하고 칭찬하며 옆에서 지지해 주는 부모가 좋은 부모라고 생각합니다.

#7장

마음이 자라는 아이들

부모가 먼저 고개 숙이세요

다니엘이 6학년 졸업식을 앞두고 친구의 핸드폰을 훔치는 사건이 벌어졌습니다. 다니엘 가방 안에 든 핸드폰의 벨소리가 울리자 햇살이가 이게 뭔가 하면서 받았다는 것입니다. 그러고는 심방 다녀온 저에게 얘기를 했어요. 저는 너무 놀라서 먼저 핸드폰 주인인 다니엘 친구의 아빠에게 전화를 걸어 용서를 구했습니다. 그리고 핸드폰을 돌려주었지요.

그리고 아내에게 다니엘의 핸드폰 사건에 대해 이야기를 했습니다. 아내는 가만히 듣고 있다가 다니엘을 불렀습니다. 방 안에서 다니엘과 한참을 이야기 나눈 아내는 방을 나왔습니다. 아내와 다니엘의 두 눈이 퉁퉁 부어있는 걸 보고 함께 많이 울었구나 짐작만 했습니다.

아내는 산책을 가자고 말했고, 우리는 경포호수 주변을 돌면서 다니엘 이야기를 나누었습니다.

"하은 아빠, 나도 어렸을 때 도둑질로부터 자유로운 아이는 아니었기에 다니엘의 행동이 조금은 이해가 되네유."

"이해가 돼두 잘못한 게 없어지는 건 아니잖아유."

"그렇지유. 나두 옛날에 아빠가 술 마시고 들어오면 아빠 지갑에 있는 돈 빼 가서 친구들 과자 사주다 들켜서 뒤지게 두들겨 맞았는데, 그게 고쳐진 게 아니라 또 훔치더라구유. 혼낸다고 해서 고쳐지는 건 아니라는 얘기여유. 본인이 깨달아야쥬. 나처럼유."

"그래서 다니엘한테 뭐라고 말했남유?"

"지켜보겠다고 말했어유. 내 물건이 아닌 거에는 눈도 돌리지 말라며, 우리 함께 노력하자구 얘기했어유. 하나님을 믿는 거룩한 사람이 남의 물건에 손을 대면 그건 하나님을 부끄럽게 만드는 길이라고 설명을 잘 했어유. 하나님을 아버지라 부르는 우리가 아버지를 욕 먹이는 행동을 하는 거는 우리의 잘못이라는 말도 했는데, 관심을 갖고 잘 지켜보자구유."

며칠 뒤 초등학교 졸업식이 있어 학교에 가는데 아내가 봉투를 하나 들고 왔습니다.

"뭐여유?"

"다니엘이 핸드폰을 훔쳤는데 그 아이에게 미안하다고 사과만 하는 게 도리가 아니지유. 용돈 조금 넣었어유. 다니엘이 보는 데서 그 아이 부모님께 진심을 다해 사죄하고 이 봉투 줘유. 다니엘은 우리 자식이여유. 우리 자식의 잘못은 결국에 우리의 잘못이구유. 그러니 더욱 고개를 숙여야 하는 거구먼유."

아내는 서울에서 강연이 있어 졸업식에 함께 가지 못했습니다. 결국 저 혼자 다니엘의 손을 잡고 그 아이와 부모님 앞에 섰지요. 그러고는 고개를 숙여 미안하다고 사과를 했습니다. 다니엘도 정중하게 사과를 하고 진심을 다해 미안하다는 말을 했습니다.

다행히 정말 좋은 부모님을 만났습니다. 그분들은 다니엘을 이해해 주었고 오히려 다니엘을 격려해 주셨어요. 그 후 다니엘은 믿어준 만큼 지금은 남의 것에는 손대지 않는 아이로 성장하고 있습니다.

아내는 다니엘뿐 아니라 한결이 때문에도 많은 시간 이 학교의 문턱을 밟으며 고개를 숙였습니다. 그 힘든 시간을 아내는 혼자서 걸어왔구나라고 생각하니 눈물이 흘렀습니다.

한결이가 가족이 되고나서 형들이 다니는 연곡초등학교로 전학을 시켰습니다. 사랑이, 다니엘과 함께 쇼트트랙을 시키기 위해서였죠. 학교를 다니고 있던 아이를 입양하다 보니 집에서 가족과 함께할 수 있는 시간도 없이 학교를 다니게 되었습니다.

한결이의 학교 생활이라든가 아이가 어떤 행동을 하는지에 대해 별로 파악이 안 되어 있을 때라 뭘 걱정하거나 염려해야 할지 몰랐습니다. 한결이가 학교 다닌 지 일주일쯤 지난 후에야 다니엘과 사랑이를 통해 학교에서 있었던 일들을 알게 되었습니다.

“아빠, 아빠. 오늘은 한결이가 수업 시간에 친구랑 연필로 싸우다 울면서 교실을 뛰쳐나가서 체육 선생님이 한결이 잡으러 연곡마트까지 갔다 왔어.”

“아빠, 아빠. 오늘은 한결이가 학교에서 애들하고 똥집 놀이를 하다 열 받아서 친구랑 싸웠는데 한 대 때리고 다섯 대 맞았대."

"아빠, 아빠. 오늘은 한결이가 수업 시간에 책상 아래에 들어가 나오지를 않았어. 선생님이 나오라고 해도 안 나오고 난리가 났었어."

아내는 선생님과 통화를 하다 결국에는 학교를 갔습니다. 선생님께 죄송하다고 사과를 하며 조금 더 주의를 주겠다며 했답니다. 한결이의 손을 잡고 나오는데 이 작고 어린 아이가 왜 이렇게 말썽을 부릴까 생각하는데 눈물이 나서 한참을 울었다는 얘기를 듣고 저도 마음이 아파 함께 울었습니다.

한결이는 2학년 내내 학교에서 문제아로 찍히며 아내는 일주일이 멀다 하고 학교에 불려갔습니다. 하루는 다니엘이 아내에게 말했습니다.

"엄마, 엄마. 선생님이 한결이 때문에 교사가 된 걸 후회한다고 말했대."

"다니엘, 그 얘기 누구한테 들었어?"

"선생님이 직접 말씀하셨어."

아내는 그 말을 듣고 다음 날 또 학교에 갔습니다. 아이들이 학교가 끝나기를 기다렸다가 한결이 손을 잡고 교실로 들어가서는 선생님 앞에서 한결이와 함께 무릎을 꿇고 머리를 교실 바닥에 닿을 정도로 숙이고 미안하다고 울면서 용서를 구했답니다. 알고 보니 그 선생님은 임용고시 후 발령받은 첫 회였습니다. 선생님도 당황하며 함께 무릎을 꿇고 우는 아내에게 더 잘 지도하겠다고 했답니다.

그런데 엄마가 하는 행동과 말을 옆에서 듣고 있던 한결이가 이후 조금씩 달라졌습니다. 자신의 잘못 때문에 선생님께 무릎까지 꿇으며 잘못했다고 우는 엄마를 보면서 충동적인 행동들이 조금씩 자제가 되고 친구들과 싸우는 횟수도 줄어든 것입니다.

저는 아내에게 미안했습니다. 내가 해야 할 일을 다 아내에게 맡기고 있었던 것은 아니었나 하는 생각이 들었습니다. 그래서 아내에게 사과하자 아내가 이렇게 말하더군요.

"하은 아빠, 난 아이들을 위해서는 뭐든지 할 수 있어유. 법적으로, 도리적, 윤리적으로 문제만 안 되면 난 뭐든지 할 거구먼유. 우리 아이들이 더욱 건강하게 잘 자랄 수 있다면 난 뭐든지 할 수 있어유."

"자식 키우는 게 쉽지 않구먼유."

"쉽지도 않지만 그렇다고 어렵지두 않아유. 자녀 교육은 난 이렇다고 봐유. 자존심이 높은 엄마는 저 위에 있는데 아이들은 저 아래에 있지유. 그럼 부모들은 자신의 자존심의 레벨에 맞춰 아이들을 끌어올릴라고 아이들을 얼마나 잡겠어유? 자존심 높은 엄마에 맞춰 잘하는 아이들은 괜찮은데 따라가지 못하는 아이들이 분명히 있지유. 그런 아이들은 자존감이 떨어져 얼마나 힘들겠어유. 하은 아빠, 난유 아이들을 내 곁으로 오라고 하는 게 아니라 내가 아이들 곁으로 내려가는 엄마가 되고 싶구먼유. 그러니 이 정도는 별것도 아니쥬. 아이들이 성장하고 있는데 앞으로 어떤 일이 벌어질지 어떻게 아남유?"

"마누래 말 들으니 점점 무서워지는데유. 난 마누래만 붙잡구 따라갈래유."

"그렇쥬. 무서워야쥬. 우리가 애들이 몇 명인데. 따라올라면 놓치지 말구 꼭 붙잡구 따라와유. 어디 갔나 찾지 말구유."

"알았어유. 난 마누래 옆에서 사는 게 좋구먼유."

"하은 아빠, 우리 아이들의 좋은 부모도 좋지만 조금은 책임 있는 부모로 살어유. 맨날 좋은 부모만 하다가 정작 가르칠 거 못 가르치고 잘못한 거 제대로 잡아 주지 않아 우리 아이들 잘못 자라면 어쩐대유. 난 아이들이 자기가 한 일에 책임질 줄 알고, 맡은 일에 늘 최선을 다하도록 키우고 싶구먼유. 아이들이 어릴 때는 잘 몰랐는데, 아이들이 성장하면서 책임질 줄 아는 부모가 더 좋은 부모라는 생각이 드는구먼유. 함께 책임지는 부모로 살아 보자구유."

"그래유, 마누래. 우리 함께 걸어가자구유."

아이들 차량 운행을 하고 오후에 잠깐 시간이 빌 때 아내와 아이들 이야기를 나누다 보면 한 시간이 후딱 지나갑니다. 아내와 지는 석양을 바라보며 걷다 보면 아이들로 인한 근심도, 미래에 대한 염려도 다 지워지고 그저 행복하기만 합니다. 같은 꿈을 가지고 살아가는 부부는 이래서 행복하다고 말하나 봅니다. 저는 참으로 행복한 사람이지요.

더욱 밝고 건강하게 자라는 아이들을 보면서 연곡초등학교 고광래 교감선생님께서 우리 집 아들들에게 별명을 붙여 주었어요. '독수리 오형제'(요한, 사랑, 햇살, 다니엘, 한결)라고요. 독수리 오형제는 그 뒤로도 크고 작은 사건 사고들을 통해 키가 자라고 마음이 자라고 있습니다.

우리 집은 가난하지 않아!

"아빠, 우리 집은 가난한 거야?"

뜬금없이 햇살이가 물어왔습니다. 갑작스러운 질문에 저는 뭐라고 답해야 좋을지 몰라 당황하고 말았습니다.

"음, 그건 햇살아. 사람이 생각하기에 따라서 '난 가난해'와 '난 풍요롭다'로 나뉠 수 있는데… 그런데 우리 아들이 갑자기 왜 그런 생각이 들었을까?"

"학교에서 친구들이 우리 집은 가난하대. 그래서 사람들의 후원금으로 산다고 말했어."

가슴이 '쿵' 하고 내려앉았습니다. 제가 아무 말 못 하고 있자 하선이가 말했습니다.

"누구야, 누가 그런 말을 했어? 넌 그런 말을 듣고 뭐라고 말했는데?"

"난 잘 몰라서 아무 말도 안 했어. 우리 집이 가난하다고 해서 속상했어, 누나."

"내가 내일 당장 너네 학교 가서 그렇게 말한 애 좀 만나야겠다. 꼬맹이들이 그런 말을 하냐. 이건 분명 부모들이 말해서 애들이 그렇게 옮기는 거야. 이건 절대로 애들이 할 말이 아니야. 와 진짜 화나네. 우리 집이 어떻게 사는지 알고서 이런 말을 하면 내가 이렇게 억울하지도 않겠다. 진짜 사람들이 왜 그러냐고!"

눈에 눈물이 고여 흥분하는 하선이를 보며 아버지로서 참으로 미안했습니다. 외부에서 이런 이야기를 들을 때마다 우리 아이들이 받는 상처에 대해 아무것도 해준 게 없는 미안한 아빠임을 통감하는 순간이었습니다.

하선이는 자기가 겪었던 예전 이야기를 해주었습니다.

"아빠, 내가 초등학교 때 우리 교회 애들이 나보고 뭐랬는지 알아? 나보고 너는 우리 엄마 아빠가 내는 헌금으로 먹고 사는 애니까 우리에게 잘해야 한다며 학교에서 다른 애들에게 말하고 다니는 거야. 진짜 교회 애들이 더 무섭고 나쁘다는 걸 그때 알았어."

"그런데 하선아, 그때 우리에게 왜 말을 안 했어?"

"하은 언니가 엄마 아빠 힘들어 한다고 말하지 말라고 해서 안 했는데, 그런 말들이 다른 사람을 힘들게 한다는 걸 너무 몰라."

"그래서 하선이는 그때 뭐라고 말했어?"

"아빠, 내가 누구야! 나 하선이야. 내가 더 큰 소리로 말했어. 우리 엄마 아빠가 헌금 더 많이 하고, 우리 아빠는 교회에서 사례비 받는 거 다시 다 교회로 헌금한다, 우리 집은 아빠가 그동안 벌어 놓았던 돈으로 생활한다고 내가 좌악 말했지."

"아이들 반응은 어땠어?"

"아무 소리도 못 하고 가더라고. 만약에 또 애들이 너한테 이렇게 말하면 너도 누나처럼 당당하게 말해!"

"뭐라고 말해?"

"우리 집은 가난한 집이 아니다, 외부 후원금은 받지 않는다고 확실하게 말해."

"알았어. 그런데 난 누나처럼 말을 그렇게 잘하지 못해."

"으이그, 누나가 하라는 말만 해. 애들아, 다들 모여 봐."

급기야는 하선이가 동생들을 모두 소집했어요. 우리 부부는 아이들이 대화할 때는 늘 뒤에서 지켜보는 입장입니다. 중간에 도움을 주는 말이 아니면 절대 나서지 않지요.

"다들 잘 들어. 우리 집은 절대 가난하지 않아. 왜냐하면 우리가 가난하면 매주 독거 어르신들께 반찬을 만들어서 배달을 못 하잖아. 이거는 우리가 가난하지 않다는 증거야. 그렇다고 뭐 부자라고도 못하겠지만, 여기서 우리가 분명히 해야 할 건 우리 집은 가난하지 않다는 거야. 사람들에게도 그렇게 말해야 해!"

"어, 알았어, 누나."

"신문에 실린 우리 가족이 독거 어르신 도시락을 배달한다는 기사를 누나가 오려 줄게. 가지고 다녔다가 우리 집이 가난하다고 말하는 애들에게 보여 줘. 그리고 너네 집은 이렇게 엄마 아빠랑 매주 도시락 배달하느냐고 물어 봐. 그러면 아무도 대답을 못 할 거야."

"그런데 애들이 안 믿어 준단 말이야."

햇살이는 급기야 울상이 되었고, 하선이는 안되겠다는 듯이 제게 말했습니다.

"아빠, 아무래도 우리 집이 다큐든 뭐든 방송을 하나 해야겠어. 섭외 요청 들어올 때마다 자꾸 거절하지 말고 방송에 나가서 우리 집은 후원금을 받지 않는다고 말을 해. 그리고 피디님에게 이 말은 꼭 방송으로 나가게 해달라고 해 줘."

햇살이는 당장 내일 학교에 갈 일이 걱정인 듯싶었습니다.

"누나, 나 학교 가는 거 싫어. 애들이 자꾸 놀려. 나도 요한이 형처럼 홈스쿨 하고 싶어. 나도 내년부터 홈스쿨 할래."

"엄마, 햇살이도 그냥 홈스쿨 시켜. 친구 관계도 우리 집은 애들이 많으니 괜찮아. 공부도 집에서 요한이처럼 하면 되는 거구. 나랑 하은 언니도 홈스쿨로 대학 들어갔잖아."

아내는 울먹이는 햇살이를 안아 주었습니다. 엄마의 품은 백 마디 위로의 말보다도 따뜻한 안식처지요.

"우리 아들이 알지도 못하는 친구들 때문에 힘들었구나."

"응, 엄마."

"우리 사랑하는 아들들. 엄마는 이렇게 생각해. 남들은 우리가 어떻게 사는지 어떤 생각을 하는지 별로 관심이 없어. 우리가 어떻게 사는지 궁금해하는 사람들은 우리가 살아가는 걸 그렇게 이야기하지 않아. 오히려 더 열심히 살라고 격려하고 사과 한 박스라도 사다 주면서 고개 숙여 인사한단다. 그런데 우리에 대해 함부로 말하는 사람들은 궁금하지도 않으면서 우리가 살아가는 삶에 자신들의 생각을 집어넣고 있어. 엄마는 그런 사람들에게 관심이 없어. 어느 날부터는 그저 그들이 불쌍하다는 생각이 들더라. 자, 우리가 그 사람들을 위해 어떻게 해야 할까?"

엄마 말을 조용히 듣고 있던 요한이가 말했습니다.

"기도해 줘야 해."

"역시 울 아들 요한이네. 그 친구들은 우리를 잘 몰라서 그런 말을 하는 거니까 우리가 기도해 주자. 그들이 바른 걸 볼 수 있는 눈이 생기게 해달라고."

아무래도 엄마의 말이 어린 아이들에게는 조금 어려웠나 봅니다. 다니엘이 말했습니다.

"싫어, 난 우리 집에 대해 안 좋게 말하는 사람들을 위해 기도 안 할거야."

"다니엘, 우리도 세상에서는 모두 버려졌던 고아였어. 고아인 우리들을 가여이 여기시고 하나님께서 모두 불러 모아 당신의 자녀로 삼아 주셔서 우리가 이렇게 주님의 자녀로 멋지게 살아가는 거야. 우리가 이 은혜를 모르면 절대 안 돼. 은혜를 아는 사람이 남을 위해 기도해줄 수 있는 거고 은혜를 아는 사람이 나눌 줄도 아는 거야. 엄마는 은혜를 모르는 사람보다 은혜를 아는 사람으로 실천하며 살고 싶어. 우리 사랑하는 아이들과 함께."

하선이가 엄마를 도와 동생들을 격려했습니다.

"동생들아, 엄마 말 들었지? 그래서 우리는 부자야. 우리는 우리 집을 통해서 많은 사랑을 흘려보내고 있잖아. 물론 내가 그런 거는 아니지만. 헤헷."

"하선아, 아니야. 하선이를 통해서 흘려보낼 수 있었던 거야. 너를 통해 엄마 아빠가 변화되었고, 독거 어르신의 도시락 배달도 너로 인해 시작됐어. 하선이는 진짜 하나님의 딸 맞아. 넌 우리 가족 변화의 원동력이야. 모든 시작은 너로부터였어. 자랑스러운 우리 딸."

이제야 햇살이도 용기가 생긴 듯 말했습니다.

"알았어, 누나. 당당하게 기죽지 않고 말할게!"

아이들의 대화를 들으며 독거 어르신들께 도시락을 배달하는 일을 이렇게 자랑스러워한다는 걸 알게 되었습니다. 작은 나눔으로 생각한 이 일이 아이들의 생각을 변화시키는 계기로 사용될 줄은 전혀 몰랐으니까요.

후원금에 대한 오해

우리는 모두가 알다시피 자녀가 많습니다. 처음부터 아이들을 이렇게 많이 키우려고 한 것은 아니지만 아이들이 성장하며 우리 부부의 기쁨이 되다 보니 자녀 욕심이 생겨 다자녀 가정이 되었어요.

아이들이 많으니 흔히들 '어떻게 사느냐'를 가장 궁금해하는 것 같습니다. 형편도 넉넉하지 않은 목회자 가정에서 이렇게 많은 아이들을 키우니 때로는 오해 아닌 오해를 받기도 하고요. 많은 분들이 후원금을 많이 받는 줄 알죠.

실제로 제가 소속되어 있는 아산병원은 대기업이 운영하는 곳이고 재단 대표님이 우리 가족을 좋아한다는 소문이 나 따로 급여나 후원금을 두둑이 받는 줄 알고 계신 분들도 있었습니다. 그러나 재단에서 저희가 받는 건 지금 사용하고 있는 원목실 방 하나입니다. 이것 또한 저로서는 참으로 감사한 일이지요.

아내의 《사랑은 여전히 사랑이어서》가 다시 책으로 나오게 되었을 때도 아내는 그 은혜가 감사해 책의 인세를 CGNTV 전파 선교비로 전액 기부하기도 했습니다. 아내는 책을 내는 것은 기쁘고 즐거운 마음으로 시작한 일이고, 글을 쓰는 일이 주님께로부터 왔으니 삶의 십일조란 마음으로 책의 인세를 늘 기부했습니다. 이 또한 주님의 기쁨이라 여기며 즐거움으로 한 것입니다.

한번은 우리 가족 이야기가 CGNTV에 방영된 적이 있습니다. 그때 그 방송을 보신 어느 좋으신 분이 우리를 꼭 후원하고 싶다며 저의 계좌번호를 물어 오셨습니다. 그분의 진심이 보였고, 당시 아내가 누군가를 돕기 위해 빌려준 돈을 돌려받지 못해 어려움에 처해 있을 때였기 때문에 조금이나마 아내를 돕기 위해 20만 원의 후원금을 받았습니다. 너무 감사해서 아내가 쓴 책도 선물로 보내드렸습니다. 외부 후원이라고는 그분의 후원금이 전부인데 마치 우리 가정에 많은 교인들의 후원금이 들어오는 것처럼 이야기하는 걸 아내가 듣고 너무 마음 아파했습니다.

또 온누리교회에서 우리 집을 후원한다는 소문이 났습니다. 심지어 온누리교회 안의 많은 가정에서 우리 집을 돕고 있다는 잘못된 이야기가 걷잡을 수 없이 흐르고 흘렀습니다. 생각지도 않은 말을 듣고 힘들어하는 아내에게 해줄 수 있는 말이 없어 어깨만 다독여 주었습니다.

결국 우리는 돕고 싶다고 연락 주시는 분들의 전화를 정중히 거절했습니다. 온누리교회 이재훈 목사님께서 아이들의 등록금을 지원할 수 있는 장학재단을 연결하고 싶다는 연락을 주셨을 때 아내가 정중하게 거절했다는 말을 전해 들었지요.

아내는 그런 사람입니다. 누군가의 후원금으로 아이들을 키웠다는 말을 듣지 않으려고 노력하며 사는 사람이에요. 공무원들조차도 아이들을 입양해서 키우면 나라에서 많은 지원금을 주는 줄 알고 우리 집을 몰래 조사한 적도 있었습니다. 무슨 다른 뜻이 있어 아이들을 이렇게 많이 입양하나 의심을 했다며, 이렇게 지원이 안 되는 줄 몰랐다고 오히려 미안하다는 이야기도 들었습니다.

아이들을 많이 키울수록 열심히 살고 있다는 격려는 못 받을지언정 오히려 많은 오해와 의심을 받으며 살아왔습니다. 오히려 도와달라는 전화도 받았고, 우리 집을 언론에 고발하겠다는 사람도 있었지요. 도움을 요청하는 전화를 받으면 아내와 저는 정말 많은 고민을 합니다. 얼마나 힘들면 우리에게까지 연락해서 도와달라고 하는지 우리 형편이 닿는 선에서 도움을 주려고 노력도 합니다. 그렇지만 이야기를 들어 보면 형편이 어려워서가 아니라 돈이 급하게 필요해서 도와달라는 분들이 더 많음을 알게 되면서 더욱 조심하기로 했습니다.

일을 해야 하는데 차가 필요하다며 중고차를 살 수 있게 500만 원을 도와달라는 분의 전화도 받았습니다. 당시에 우리는 12인승 낡은 승합차를 가지고 있었습니다. 그런데 아내가 봉사활동을 하던 복지재단에서 차를 바꾸게 되었다며 기존에 사용하던 스타렉스를 아내의 봉사활동에 감사하다며 보내 주셨죠. 재단에서 사용하던 중고차였지만 우리가 타고 있던 차보다 더 새 것이었고, 마침 중고차를 살 수 있게 도와달라는 분도 있으니 우리가 몰던 승합차를 그분이 타면 좋겠다고 생각했습니다. 우리도 거저 받은 은혜가 컸기에 누군가를 도울 수 있다는 기쁨이 컸습니다. 아내는 정말 기뻐하며 그분에게 서둘러 전화를 했고, 빠른 시간 안에 직접 찾아뵙고 차를 드리겠다고 했습니다. 그랬더니 그분이 그러더랍니다.

“누가 차를 달라고 했나요? 500만 원을 달라고 했지? 그런 낡은 차를 누가 타고 다닙니까?”

아내는 할 말이 없어 전화를 끊고 도대체 누구를 믿어야 할지 모르겠다며 안타까워했습니다.

그 후에도 그분의 끊임없는 연락과 협박이 쏟아졌습니다. 아이들을 입양하면서 천사의 탈을 쓰고 사람들에게 후원금 받아먹는 더러운 목사 가정이라며 입에 담지도 못할 욕설과 폭언을 하며 돈을 달라고 요구했습니다. 어쩔 수 없이 아내와 저는 전화를 차단했고, 그분에게도 강경하게 대응했습니다.

그런데 저희는 혹시나 그런 사람들이 아이들에게 접근하지는 않을까 걱정이 되었습니다. 우리를 괴롭히는 거야 참을 수 있지만, 아이들을 해코지 하면 참을 수 없을 것 같았습니다. 그래서 아이들에게도 단단히 주의를 주었죠. 혹시 낯선 사람이 말을 걸어오면 얼른 집으로 돌아오라며 아이들도 바깥출입을 자제시키는 일도 있었어요.

우리가 타던 승합차는 주변에 목회하시는 목사님이 가져가 유용하게 사용하고 있습니다. '얼마나 힘들고 어려우면 우리 부부에게 연락을 했을까?'란 마음으로 다가갔던 손길을 짓밟는 몇 분 때문에 정말로 도움이 필요한 분들을 돕지 못하는 것은 아닌지 분별할 수 있는 마음을 달라고 아내와 기도합니다.

그럼에도 우리 부부 주변에는 참으로 좋은 가족들이 많습니다. 방송에 나오고 아내가 책을 낼 때마다 우리 집에는 많은 사람들의 연락이 오고, 가끔은 찾아오시는 분들도 있습니다. 열심히 살아 주어 고맙다며 귤 한 상자를 들고 오시기도 하고, 쌀이나 고기를 보내 주는 분들도 계십니다. 책 안에 10만 원 정도를 넣어서 보내 오는 분들도 계시고, 아이들과 밥 한 그릇 먹고 싶어서 왔다며 자장면을 함께 먹고 가시는 분들도 계시지요.

하나님의 말씀으로 삶이 바뀌고 열심히 사는 가족이 있다는 것에 서로 감사하고 격려하며 오고가다 자장면이라도 한 그릇 나누는 사람 냄새 풍기는 세상을 꿈꿉니다. 우리와 가족이 되어 함께 동시대를 걸어가자며 행복해하는 멋지고 아름다운 분들로 인해 아픔과 상처가 치유되곤 합니다. 사람에게 받은 상처는 사람으로부터 회복이 되는 듯합니다.

그냥 하나님께 가는 게 믿음이야!

우리는 아이들과 가정 예배를 드리면서 서로의 기도 제목을 내놓고 합심해서 기도합니다. 아이들이 아직 어려 큰 소리로 기도한다거나 서로를 위해서 기도해 주는 건 못하더라도 늘 함께 기도하는 습관을 길러 주려고 합니다.

하은이와 하선이는 일곱 살에 방언 기도를 했습니다. 그런데 함께하는교회를 개척하여 저녁 기도회를 할 때마다 어른들과 함께 목소리를 높여 기도했는데, 아들들은 마음 안에 믿음이 들어가지 않았는지, 아니면 쑥스러워 그러는지 목소리를 높여 기도하지 않더군요. 가끔은 '내가 아이들의 신앙관을 바르게 세워 주지 못하나?' 하는 염려도 있었지요.

교회 가는 걸 좋아하고 교회 안에서 지내는 걸 행복해하는데도 무언가 채워지지 않는 부분이 있는 것 같아서, 가정 예배를 드릴 때마다 그것을 놓고 기도했었죠.

하루는 제가 이런 제목으로 기도한다는 것을 알게 된 하선이가 말했습니다.

"아빠, 난 믿음은 이런 거라고 생각해. 난 교회 가서 잠도 많이 자고 솔직히 게을러서 그런지 일도 별로 안 해. 그런데도 꼭 교회는 가. 당연히 교회를 가야 한다고 생각을 하며 살거든. 십일조도 꼭 해야 한다고 생각하고, 감사한 일이 생기면 감사헌금도 해. 그리고 교회에서 하는 행사나 교회학교 교사는 내가 자발적으로 하잖아. 그게 나한테는 믿음인 거야."

"…"

"그냥 우리가 하나님께 가는 게 믿음인것 같아. 말썽을 부려도 교회 안에 있고, 장난을 쳐도 교회 안에 있고, 교회 안에서 다 일어나잖아. 그게 얼마나 다행이야."

"음, 그렇지."

그날은 하선이에게 굉장한 깨달음을 얻었습니다. 저는 당장 일어나지도 않은 일을 미리 걱정하고 염려하면서 괜한 기도를 하고 있었던 것입니다. 아이들에게 신앙적으로 조금 부족한 부분이 있다고 하더라도 오늘을 하나님 안에서 살아가고 있다면 크게 걱정할 것이 없는 것이었습니다. 그날만큼은 하선이가 저의 신앙의 스승이었습니다.

"허허! 내가 하선이에게 설교를 들었네. 그래, 하선이 말이 맞다! 아빠가 괜한 걱정을 했어. 깨달음을 줘서 고맙다, 하선아."

"고맙지? 그러니 나한테 잘해."

우리 대화를 듣고 있던 아내가 일침을 날렸습니다.

"야, 김하선! 이 이상 얼마나 더 잘하냐? 너는 니 방 청소나 하고 살아!"

"아니, 이 상황에 갑자기 청소는 무슨 청소여? 엄마, 너무 깨끗하게 살아도 사람이 정이 안 가요, 정이. 그냥 좀 지저분하게도 사는겨."

"아이고 니 방을 봐라. 그게 지저분한 수준이냐? 완전히 쓰레기 하차장이다, 쓰레기 하차장."

"에이 안 되겠다. 동생들! 누나 청소하게 청소기 가져와! 요한이는 쓰레기 치우고, 사랑이는 청소기 돌려. 햇살이는 걸레질하고, 다니엘너는 누나 책 좀 정리해. 그리고 한결이는 누나 침대 위에 이불 좀 털어 와."

동생들은 하나같이 "응, 누나" 하며 하선이가 하라는 대로 움직입니다. 군소리 한번 하지 않는 아들들과 당당하게 동생들을 부려먹는 하선이를 보며 어이가 없어 쳐다보다 한바탕 웃었지요.

자연스럽게 성경과 가까워지는 비결

크고 작은 사건 사고들 속에서 우리 가족의 사랑은 더 단단해집니다. 아내는 상당히 이성적인 사람입니다. 그런데 아이들이 나가서 무슨 일이 있다거나 문제가 일어나면 무조건 아이들을 먼저 믿고 사건을 해결하려고 합니다. 제가 볼 때 아내는 거의 맹목적으로 아이들을 믿어 줍니다.

다니엘이 초등학교 3학년 때 학교 운동장에서 공을 차며 놀았는데, 하필 그 공이 다른 형의 얼굴에 맞아 아랫니가 입술 쪽으로 터져 나왔습니다. 다니엘은 어린 마음에 놀라서 집에 와서 말을 하지 않았습니다.

결국에는 다친 아이의 엄마가 전화를 하여 알게 되었고, 아내는 전화상으로 이야기를 다 듣고는 그 아이의 모든 병원비와 아이가 병원을 오고가는 것을 책임지겠다고 했습니다. 아내는 전화를 끊자마자 그 아이의 집으로 먼저 달라갔지요. 그러고는 바로 미안하다고 사과했고, 다친 아이의 치료가 다 끝날 때까지 그 아이의 병원 진료를 책임졌습니다.

긴장했는지 떨고 있는 다니엘에게는 "괜찮다"며 많이 안아 주었습니다. 사람은 누구나 실수할 수 있고, 놀다 보면 다칠 수 있다며 다니엘을 안심시키고, 아이가 편안한 마음이 들 때까지 안아 주며 사랑한다고 말해 주었지요.

다니엘은 그 일을 겪은 뒤부터 무슨 일만 생기면 아내에게 바로 달려와 많은 이야기를 했습니다. 지금도 변함없이 학교에서 일어나는 일들을 많이 얘기합니다.

아내는 아무리 바빠도 학교에서 일어나는 아이들의 일에 귀를 기울여 들어 주고, 마지막에는 꼭 한마디씩 조언해 줍니다.

"친구들과 안 좋고 힘든 일이 있더라도, 어떠한 상황과 환경에서도 폭력은 안 된다."

아이들도 어려서부터 아내의 이 말을 듣고 자라서인지 아직까지 싸웠다거나 누군가를 때리는 일이 벌어지지 않고 있어 이 또한 감사하지요.

가정 안에서 부모의 사랑을 많이 받고, 인정받으며 바르게 잘 자라는 아이들은 나가서 말썽을 안 부린다고 믿는 아내는 늘 저에게 요구합니다.

"아이들을 더 많이 안아 주고, 아이들과 더 많이 얘기하고, 아이들과 친구가 되어 주세유."

권위 있는 아버지의 모습이 아니라 다정하고 친근한 친구로 다가가라고 늘 저에게 조언해 줍니다.

저는 아내가 아니었다면 조금은 권위적인 아버지의 모습으로 살았을지 모릅니다. 그런데 사랑하는 아내가 권위적인 아버지, 권위적인 목사가 한국의 가정과 한국 교회를 죽인다며 그 모든 걸 던져 버리라고 말해 주어 저는 아내 말을 아주 잘 듣습니다.

잘못된 권위를 던져 버렸더니 오히려 제 삶이 더 편안하고 즐거워졌음을 알게 되었지요. 아이들도 저를 친구처럼 생각하고 스스럼없이 대합니다.

제가 할 수 있는 최고의 애정 표현은 아이들을 업어 주는 거지요. 아이들이 많다 보니 순번을 정해서 날마다 업어 주었습니다. 아이를 업고 집 주변을 돌고 있으면 다음에 업힐 아이가 제 주위를 맴돕니다. 그 아이를 업고 집 주변을 돌고 나면 그 전에 업혔던 아이가 또 저를 따라옵니다. 하루, 이틀, 사흘, 한 달, 1년, 2년, 그리고 3년을 꾸준히 업어 주고 안아 주니 이제는 아이들이 자연스럽게 안기고, 제 품으로 파고 들어오곤 합니다.

아이들이 아버지인 저를 편안하게 대하면서 하나님을 바라보는 시각도 달라지고 있음을 알게 되었지요. 하나님을 편안하고 좋으신 분으로 인정하면서 자연스럽게 성경을 가까이하는 가족이 되었습니다. 마음의 안정을 찾고 가족과 소통하며 서로 이해하고 사랑하니 더욱 하나님을 아는 데 열심인 아이들로 변해 갔고, 자연스럽게 교회에서 성장했습니다. 아이들은 기타를 치며 찬송가를 부르는 걸 좋아하고, 스스로 성경을 읽으며 서로가 서로에게 암송하는 걸 알려 주기 시작했죠.

우리나라 속담에 "어른의 말을 잘 들으면 자다가도 떡이 나온다"는 말이 있는데, 저는 아내의 말을 잘 들으니 자다가도 아이들이 생겼습니다. 가끔은 말 잘 안 듣고 싶은 일도 생겨 고민할 때도 있지만, 그래도 저는 아내의 말을 잘 듣는 바보 남편이고 싶습니다. 아내 사랑이 넘쳐 아내만 바라보는 바보 남편으로 살고 싶지요.

성경 배틀

우리 아이들을 아는 분들은 한 목소리로 이야기를 합니다. “아이들이 참 밝고 착해요”라고요. 그러면 저희들은 이야기합니다. “우리가 키운 게 아니라 하나님께서 하셨습니다”라고요.

아이들 가정교육으로 염려하는 부모님, 아이들의 인성이 염려스러운 부모님, 아이들의 미래가 염려되어 혹시나 잠 못 이루는 부모님이 있습니까? 우리 부부는 이렇게 염려하시는 부모님들께 과감하게 이야기합니다. 아무것도 염려하지 말고 오직 하나님 나라 확장을 위해서만 살라고요. 아이들이 공부를 잘하기를 바란다면 세상의 지식을 바라는 학원으로 보낼 것이 아니라 성경 말씀을 암송하도록 교육해 보세요. 성경 안에 답이 있습니다.

우리 아이들은 해마다 감리교단에서 여는 성경퀴즈대회에 참여합니다. 그런데 매년 요한이가 일등을 합니다. 시험 기간에도 성경퀴즈대회가 열리면 교과서를 덮고 성경을 보는 일을 게을리하지 않았지요.

성경 안에 세상의 지혜가 다 들어있다는 걸 알면서부터 아이들이 학교 수업을 따라가지 못하는 걸 두려워하지 않았습니다. 세상에서 일등을 하는 아이로 교육하는 게 아니라 늘 최선을 다하는 아이로 성장시키는 데 목적이 있음을 아이들을 키우면서 알게 되었거든요.

요한이는 성경을 알아갈수록 공부가 재밌다는 걸 알게 되었습니다. 우리는 아이들에게 한글을 가르칠 때도 성경 말씀으로 가르쳤습니다. 가정 예배를 드릴 때마다 야고보서 말씀을 읽고 암송하게 했지요.

기독교는 행함의 믿음, 말씀 안에서 순종하며 살아가는 삶이라는 것을 알게 되면서부터 저는 야고보서 말씀 한절 한절을 삶에서 실천하며 살라고 아이들에게 강조합니다. 야고보서를 읽고 암송하면서 말씀과 삶이 일치하는 것 같은 생각이 들었습니다. 우리의 24시간의 삶이 말뿐만 아니라 행함이 있어야 진짜 그리스도인의 삶이라고 말해주는 듯합니다.

언젠가 야고보서의 말씀만 가지고 설교문을 만들고 싶다는 생각을 할 정도로 저는 야고보서의 말씀을 참 좋아합니다. 야고보서를 통해서 우리 가족의 삶이 성경적으로 변화되기를 원했습니다. 그래서 우리 아이들에게 야고보서를 더 읽게 하고 암송하게 하였나 봅니다.

> 2 내 형제들아 너희가 여러 가지 시험을 당하거든 온전히 기쁘게 여기라 3 이는 너희 믿음의 시련이 인내를 만들어 내는 줄 너희가 앎이라 4 인내를 온전히 이루라 이는 너희로 온전하고 구비하여 조금도 부족함이 없게 하려 함이라 약 1:2-4

아이들에게 야고보서 1장부터 5장까지 매일같이 반복해서 읽고 쓰도록 했지요. 하나님의 말씀이 아이들의 마음 안에 들어가길 기도하고 바랐습니다. 한글 공부를 '가나다'로 하지 않고 성경을 쓰게 한 것뿐이었는데, 6개월이 지나고 보니 아이들이 모두 한글을 읽고 쓸 줄 알게 되었습니다. 우리 가족의 야고보서 사랑이 이때부터 시작되었습니다.

초등학교 입학을 앞둔 요한이, 햇살이, 사랑이와 함께 더욱 야고보서를 알아 가기로 했습니다.

1월부터 12월까지 야고보서를 매달 한 번씩 일 년에 열두 번을 읽고 외우기를 반복하자며 아이들과 계획을 세웠습니다. 가장 먼저 외우는 아이들에게는 스티커를 붙여 주고 매달 시상을 했습니다. 상품은 아이들이 좋아하는 장난감이었습니다.

한 달, 두 달… 야고보서를 읽고 이야기를 나누는데 아이들의 대화가 변화되고 있음을 알게 되었습니다. 그전에는 과일이나 과자가 있으면 서로 먹겠다고, 햇살이가 더 먹으니 나누어 달라고 말하던 아이들이었습니다.

동생들이 먹을 것으로 욕심을 부리면 "욕심이 잉태한즉 죄를 낳고 죄가 장성한즉 사망을 낳느니라"(약 1:15)는 성경 말씀으로 가르쳤습니다. 이렇게 야고보서를 읽으며 나누고 양보할 줄 아는 아이들로 자랐습니다.

더 놀랄 일은 제 아내가 가끔 아이들에게 소리를 지르기도 하고, 성격이 급해 잘 참지를 못할 때가 있는데 그럴 때마다 하선이는 야고보서 말씀을 엄마 옆에서 암송했지요.

"내 사랑하는 형제들아 너희가 알지니 사람마다 듣기는 속히 하고 말하기는 더디 하며 성내기도 더디 하라. 사람이 성내는 것이 하나님의 의를 이루지 못함이라. 그러므로 모든 더러운 것과 넘치는 악을 내버리고 너희 영혼을 능히 구원할 바 마음에 심어진 말씀을 온유함으로 받으라(약 1:19-21). 아비들아 너희 자녀를 노엽게 하지 말지니 낙심

할까 함이라(골 3:21). 또 아비들아 너희 자녀를 노엽게 하지 말고 오직 주의 교훈과 훈계로 양육하라(엡 6:4)."

속사포처럼 쏟아내는 하선이의 암송을 듣는 아내의 표정을 지금도 잊을 수가 없습니다. 멍하니 하선이를 바라보던 아내도 하선이에게 지지 않고 성경 말씀으로 대답을 했지요.

"채찍과 꾸지람이 지혜를 주거늘 임의로 행하게 버려 둔 자식은 어미를 욕되게 하느니라."(잠 29:15)

그랬더니 하선이가 바로 성경 배틀을 했습니다. 우리는 모두 모녀의 성경 배틀을 숨죽여 지켜 볼 수밖에 없었죠.

"내 형제들아 너희는 선생된 우리가 더 큰 심판을 받을 줄 알고 선생이 많이 되지 말라 우리가 다 실수가 많으니 만일 말에 실수가 없는 자라면 곧 온전한 사람이라 능히 온 몸도 굴레 씌우리라."(약 3:1-2)

아내가 한참을 하선이를 바라보더니 바로 소리 질러서 미안하다고 사과를 하며 모녀의 성경 배틀은 마무리가 되었어요. 하선이와 아이들은 성경 배틀을 통해 엄마를 이겼다는 승리감에 밤 늦도록 이부자리에 누워 하선이 누나가 말한 성경을 앞 다투어 함께 암송했습니다.

장난감이 따로 있지 않으니 아이들은 성경 암송을 놀이 삼아 했습니다. 성경 암송을 서로 하겠다는 아이들을 보며 성경이 우리 가족에게 주는 유익을 깨달았습니다. 바로 가족의 하나 됨과 화목입니다. 하은이와 하선이가 동생들을 나누어 저녁이면 야고보서를 읽고 외우는 광경을 보면서 이곳이 바로 천국임을 고백했습니다.

17 오직 위로부터 난 지혜는 첫째 성결하고 다음에 화평하고 관용하고 양순하며 긍휼과 선한 열매가 가득하고 편견과 거짓이 없나니 18 화평하게 하는 자들은 화평으로 심어 의의 열매를 거두느니라 약 3:17-18

하나님의 길을 함께 걸어가다

우리 가정이 입양을 해서 자녀를 키운 역사가 20년이 넘습니다. 그간의 시간을 되돌아보면 10년씩 장이 나뉩니다. 처음 10년은 몸과 마음이 아픈 아이들을 위한 치료의 시간들이었고, 그후 지금까지의 10년은 꿈을 찾아 떠나는 길 위의 인생입니다.

길 위의 학교를 찾아 아이들과 함께 여행하기까지 우리에게는 너무나 소중한 지난 10년의 세월이 있습니다. 지난 10년이 있었기에 지금의 10년이 있고, 앞으로의 10년 또한 있는 것임을 알게 되었습니다.

사랑하는 아내는 지난 10년을 죽음보다 더한 고통의 터널을 지나왔다고 말합니다. 저는 아내의 이 말에 할 말이 없습니다. 아내는 책임감이 강하고 무슨 일을 할 때에도 희생정신이 뛰어난 사람입니다. 늘 자신보다는 이웃을 먼저 생각하는 사람이지요. 가끔은 그런 아내에게 서운할 때도 있지만, 남편이라는 이유로 아내가 하는 사역을 반대하거나 못하게 하는 어리석은 사람이 되기 싫어 저는 늘 아내가 하는 일을 지지합니다.

우리 부부는 참으로 다른 기질을 가지고 살아갑니다. 서로를 인정하고 서로의 기질을 바르게 바라보고 서로에게 타협을 잘하는 편입니다. 그래서 그런지 부부싸움을 거의 하지 않는 편입니다. 그리고 저는 아내가 하는 일은 무조건 믿고 지지하다 보니 반대되는 의견을 거의 내놓지 않습니다. 제가 이렇게까지 변화된 데는 전적인 아내의 힘과 사랑 때문입니다.

아내는 처음 만난 날부터 지금까지 변함없는 게 있습니다. 아이들을 정말 좋아한다는 것입니다. 아내의 주변엔 늘 아이들이 있었고 저는 그런 아내가 좋았습니다. 아이들과 환하게 웃고 있는 아내를 보면서 '이 사람과는 평생을 행복하게 살 수 있겠구나'라고 생각했습니다.

결혼해서도 아내는 변함없이 아이들을 사랑했습니다. 아이들을 입양할 때도 아내는 아이들만 바라보았습니다. 아이들의 아픔에 크게 상관하지도, 신경쓰지도 않았지요. 어떻게 사람이 저런 몸의 아픔을 안 볼 수 있을까 생각할 정도로, 아내는 아이들의 아픔을 전혀 보지 않고 주님이 우리에게 허락하신 아이들이라며 기뻐했어요.

아내는 믿음의 눈으로 아이들을 바라봅니다. 특히 하나님께서 하신 "고아를 돌아보라"는 말씀 안에서 아이들을 돌아보고 보호하기를 원하며 살아갑니다.

저는 솔직히 처음에는 이해하지 못했습니다. 그런데 시간이 지나 아이들이 성장하고, 한 명, 두 명, 세 명, 네 명… 늘어나면서 그 아이들이 살고 있는 우리 공간 안에 하나님께서도 함께 계심을 깨달았습니다. 앞으로도 저는 아내의 동역자로 때론 친구로 함께 하나님의 길을 걸어갈 것입니다.

귀여운 막내 행복이

우리 가족 기도회

아들들

독수리 오형제

궁금한 게 있어요

Q 자녀가 커 가면서 점점 대화가 줄고 소통이 안 된다는 생각이 들어서 안타깝습니다. 자녀와 친밀한 관계를 유지하고 싶은데 좋은 방법을 소개해 주세요.

A 가정 안에서 과감하게 핸드폰과 컴퓨터 그리고 텔레비전을 끊어 보세요. 그러면 꽤 많은 시간이 확보될 것입니다. 그러면 남는 시간에 자녀들과 탁구를 치거나 배드민턴을 치거나 함께 산책을 하면서 자녀들과 많은 시간을 보내길 부탁드립니다.

핸드폰과 더 친한 자녀들이 있다면 부모가 그렇게 만들고 있지는 않은지 돌아보길 바랍니다. 그리고 하루에 10분 정도씩 자녀와 눈을 마주쳐 서로를 쳐다보는 연습을 하는 것도 자녀와 소통하는 데 많은 도움을 줍니다. 처음에는 1분도 눈을 마주치지 못하던 아이들이 시간이 지나면서 10분씩 마주볼 수 있게 되며 부모를 보고 웃는 모습을 보게 될 거예요. 우리 아이는 도저히 안 된다며 포기하지 마시고 지금부터라도 시도해 보길 바랍니다.

에필로그

안녕하세요, 행복한 엄마입니다

저는 우주에서 가장 멋진 김상훈 목사랑 지구에서 가장 사랑스러운 천국의 아이들 열한 명과 알콩달콩 사는 행복한 엄마 윤정희입니다.

처음부터 이렇게 행복했냐고 물어보시면 그건 절대 아니라고 말씀드릴 수 있어요. 우리 부부는 결혼 후 3년에 걸쳐 네 번의 유산을 경험했습니다. 그러다가 20년 전 기적적으로 친자매인 하은이와 하선이를 만나 가슴으로 품으면서 행복이 함께 따라왔음을 알게 되었습니다.

하나님을 더욱 경험하면서 알아 갈수록 주님께서는 저에게 이렇게 말씀하셨죠.

"너는 내 것이라. 내가 너를 불렀나니 너는 내 것이라."

하나님께서 저같이 부족한 사람을 아무 조건도 없이 양자의 영으로 자녀를 삼으시고, 하나님을 아바 아버지라고 부를 수 있는 놀라운 특권을 허락해 주셨어요. 이 은혜를 언어로 표현할 수 있는 단어가 입양이라는 걸 깨달으며 20년이 지난 지금 대한민국에서 가장 많은 자녀를 입양한 가정이 되었습니다.

말씀 양육에 가장 기초를 두었습니다

조건 없이 받은 주님의 사랑을 조금이나마 보답하고 싶은 간절한 마음으로 열한 명의 자녀를 품었습니다. 품을 때마다 '이번이 마지막이 아니길… 또 한 명을 품을 수 있다면… 주님께로 인도할 수 있다면…' 하면서 살아온 세월입니다. 그때마다 제 곁에서 가장 든든한 지원군이 되어 준 사람은 다름 아닌 제 아이들이었어요.

아이들과 날마다 행복하냐구요? 그건 아닌 것 같아요. 가끔은 어렵고 힘들 때도 있지요. 그렇지만 날마다 행복하려고 아이들과 함께 노력하며 지난 시간을 걸어왔어요. 하나님께서 우리와 함께하셨기에 가능했던, 결코 짧지 않은 지난 20년의 시간이었습니다.

저는 놀이에도 질서가 있고 가족이 되어 가는 과정에도 순서가 있다고 생각합니다. 아이들과 함께 하나님의 문화를 알고 익히는 데도, 예배하며 마음의 문을 여는 데도 다 시간과 순서가 있음을 인정하고 기다릴 줄 압니다.

믿음이 없는 자녀들을 억지로 교회에 앉혀 놓는다고 해서 금방 하나님을 알고 마음의 문을 열고 주님을 사랑한다고 고백하는 건 아니지요. 우리 아이들도 처음부터 말씀 중심, 기도 중심, 예배 중심이 되지 못했습니다. 그저 기다렸지요. 인내하며 기다리고 또 기다리고 기다리면서 아이들의 손을 잡고, 그들의 눈높이에서 바라보고, 사랑의 따뜻한 미소를 날립니다.

우리는 기독교 가정입니다. 저는 우리 가족 안에 기독교 문화가 자리 잡기를 바랐습니다. 주일날 예배만 드리는 가정이 아닌 24시간 모든 삶이 주님께로 향해 있는 가정, 아이들이 주님 뜻 안에서 강건하게 자라는 믿음의 명문 가문을 이루고 싶었습니다.

그래서 아이들을 가르치면서 말씀 양육에 가장 기초를 두고 성경을 늘 곁에 두게 했습니다. 기독교인으로 살면서 기본에 충실한 삶은 오직 말씀 양육이라 생각했습니다. 그리고 말씀을 통해 주님이 우리 가정에게 하고자 하는 뜻을 알기 위해 아이들과 기도하는 삶을 살기 시작했습니다.

그 덕분에 우리 가족은 아침에 눈을 뜨면 가장 먼저 하는 일이 큐티입니다. 성경 말씀 읽으며 기도하는 일이 이제는 우리 가족의 삶의 일부가 되었습니다. 하나님 사랑, 이웃 사랑의 참된 의미를 알고자 아이들과 매 주일 강릉의 독거 어르신 몇 분에게 국과 반찬을 만들어 배달해 드렸고, 겨울이면 연탄 봉사를 하며 이웃 사랑을 실천하고 있습니다. 그밖에도 아이들과 함께 생활비와 용돈을 줄여서 아동 후원을 합니다. 또한 지금까지 출판된 도서의 인세 전액을 어려운 이웃들에게 흘려보내고 있습니다.

그런 일들을 하면서 성장하는 아이들을 통해 깨달은 것이 있습니다. 우리가 나누고 이웃과 함께하는 삶보다 하나님께서는 우리 아이들에게 더 많은 것으로 채워 주고 계셨습니다. 우리가 신앙 안에서 말씀과 기도와 삶이 하나가 되도록 노력할 때 아이들은 부모의 작은 말에도 순종하는 아이들로 성장하고 있었습니다. 또한 자신의 꿈을 향해 도전하며, 그 꿈을 통해 하나님을 알리는 일을 하려는 아이들로 커 가고 있었습니다. 그것을 보면서 우리는 이미 기독교 가정임을 알게 되었습니다.

많이 들어 줘야 대화할 수 있습니다

하나님께서는 '나'가 아닌 '우리'라는 걸 놀이를 통해 알려 주셨습니다. 요즘 저는 저녁만 되면 거실에 삼삼오오 둘러앉아 놀이에 빠지는 아이들을 바라보는 재미로 삽니다. 당연히 아이들과 함께 놀이에 빠지기도 하지요. 아이스크림 내기를 하면서 자연스럽게 아이들과 슈퍼에도 가고, 밤에는 아이들과 산책을 합니다. 우리 집에서 가장 가까운 편의점까지 걷는 데 20분이 걸리는데, 그 길을 아이들과 함께 걸었습니다. 아이스크림 하나를 사 먹기 위해 20분을 걷고 다시 집까지 20분을 걸어오며 아이들의 이야기에 집중합니다.

아이들의 이야기를 잘 들어 주는 것도 좋은 교육입니다. 요즘 부모님들은 자녀의 이야기는 안 듣고 자신의 이야기만 하지요. 그래서 아이들이 자꾸 입을 닫고 핸드폰만 봅니다. 어떤 집은 대화를 문자로 하기도 합니다.

내가 말하는 입보다는 들어 주는 귀에 열중해야 자녀들이 부모와 대화를 합니다. 입을 다물고 아무 말도 안 하는 아이들과 사는 것보다 자신의 이야기를 마음껏 나누며 사는 아이들과 사는 길을 선택하니 저도 양보해야 할 일들이 있다는 걸 알게 되었습니다.

아이들이 말하는 걸 절대 중간에 끊으면 안 됩니다. 끝까지 들어 줘야 합니다. 끝까지 듣고 아이의 입장에서 대화를 해야지 엄마의 입장에서 대화를 하면 다음 날 그 아이는 저랑 대화를 하려들지 않더라구요. 자꾸 내 말이 하고 싶을 때는 성경 말씀을 묵상합니다. 그래야 제 자신을 조절할 수 있으니까요.

> 5 이와 같이 혀도 작은 지체로되 큰 것을 자랑하도다 보라 얼마나 작은 불이 얼마나 많은 나무를 태우는가 6 혀는 곧 불이요 불의의 세계라 혀는 우리 지체 중에서 온 몸을 더럽히고 삶의 수레바퀴를 불사르나니 그 사르는 것이 지옥 불에서 나느니라 약 3:5-6

그래서 저는 아이들과 대화할 때 어른의 사고나 생각을 말하지 않습니다. 어른의 사고나 생각을 말하다 보면 한 입에서 찬송과 저주가 나오고 한 입에서 선한 말과 폭언이 나오듯 제 입에서 무슨 말이 나올지 모릅니다.

그러니 거의 듣는 데 모든 열정을 쏟습니다. 듣는 것이 무슨 열정이냐고 말할지 모르지만 하고 싶은 말이 너무 많은데 말하지 않고 듣기만 하는 게 얼마나 대단한 인내력을 동반하는지를 알게 되었습니다. 그래서 그런지 우리 자녀들은 저와 이야기하는 걸 아주 좋아합니다.

캐나다에 있는 하은이는 끊임없이 저와 이야기를 합니다. 카톡으로 대화하고 보이스 톡으로 거의 매일 대화합니다. 주고받는 대화보다는 거의 들어 주는 대화지요. 저는 중간에 한두 마디 반응만 해줍니다. "잘했다", "좋았겠다", "그래서 행복했겠구나" 정도만으로 충분합니다.

하루 종일 있었던 이야기도 나누고 기도하며 주님의 말씀 안에 은혜 받은 이야기도 나눕니다. 그럴 때마다 제가 하는 말이 있습니다.

"너는 친구도 없니?"

우리 아이들은 전래놀이의 달인이 되어 있고 핸드폰을 가지지 않아도 행복함을 느끼며 컴퓨터 게임을 하지 않아도 날마다 재미있다고 말합니다. TV에서 일어나는 일들을 궁금해 하지도 않고 가족과 함께하는 일들을 소중하게 여기는 아이들로 성장하고 있습니다.

하나님과의 관계가 삶에 가장 중요한 부분임을 알고 나니 가족 간의 관계, 친구들과의 관계, 하고자 하는 꿈들을 향해 도전하는 모든 것에 자신감을 가지고 노력하는 아이들로 성장하고 있음을 알게 되었습니다.

우리는 아이들에게 '어떻게 살아라', '어떤 사람이 되어라'라고 강요해 본 적이 없습니다. 그럼에도 마음 안에 하나님의 말씀이 심어지고 싹이 나서 자라니 아이들이 열매를 보고 싶어 한다는 걸 알게 되었습니다. 아이들 스스로가 꿈을 꾸며 그 꿈을 향해 도전하는 모습을 보면서 부모의 강요보다 자신들이 스스로 찾아가는 길을 제시해 주는 게 진정한 그리스도인의 교육임을 열한 명의 자녀를 키우면서 알게 되었습니다. 그러니 자녀들이 제 인생의 길에 참된 스승임을 고백하게 되었지요.

사랑을 표현하세요

주변에 많은 분들이 우리 가족의 삶을 기적이라고도 말합니다. 그러나 절대 기적이 아닙니다. 저는 그냥 삶이라고, 주님과 함께 길 위에서 걸어가는 삶이라고 감히 말씀 드릴 수 있습니다.

"우리는 너무 바빠요, 부부가 다 직장 생활을 해요, 아이들을 어떻게 양육해야 할지 모르겠어요" 하신 분들이 계시다면 지금부터라도 실천할 수 있는 기본을 몇 가지를 알려드릴게요.

우리 집은 아침에 학교 갈 때 아이들을 모두 안아 주며 사랑한다고 말합니다. 줄 서서 제가 안아 주며 사랑한다는 말을 듣기 위해 모여드는 아이들을 보면서 저는 아침마다 주님께 고백합니다. "주님, 사랑합니다"라고요. 이 일은 시간이 없어도 할 수 있는 기본이지요.

그리고 또 하루를 마감하며 잠을 잘 때 아이들과 짧은 시간 대화를 나눕니다. 물론 말을 하기보다는 듣는 쪽으로 하지요. 다 듣고 나면 "우리 아이들 멋지다!" 하고 칭찬합니다. 그리고 하루를 잘 살아 주었다며 토닥토닥 격려해 줍니다.

처음엔 어렵습니다. 그러나 꾸준히 오랜 시간 반복하다 보면 아이들의 표정도 달라지고, 무엇보다 모든 순간들이 긍정적으로 변해 있는 나의 모습을 볼 수 있을 겁니다. 어찌 보면 아이들보다 내가 더 많이 변해 있는 걸 알게 될 거예요.

아무리 바빠도 한 달에 한 번 정도는 아이들과 손을 잡고 여행을 하는 것도 정말 좋답니다. 정말 갈 데가 없다면 제가 살고 있는 강릉으로 놀러 오세요. 우리 집에 오시는 분들에게 제가 하는 게 있어요. 점심으로 자장면을 쏜답니다.

우리 집은 아이들과 자전거 여행을 자주 합니다. 당일치기, 1박, 때론 2박으로 하기도 하죠. 자전거를 타고 조금은 느리게 페달을 밟으며 주변을 돌아봅니다. 바쁘게 돌아가는 일상이 아닌 조금은 느리지만 함께 걸어가는 일상을 아이들과 느끼고 싶어 자전거 여행을 합니다. 경쟁사회에서 살아가는 게 아니라 이웃과 함께 살아가는 삶을 아이들이 알았으면 해서요.

아이들과 살아가는 순간 순간이 기독교 문화임을 알면서 우리 집은 날마다 웃음이 넘쳐나며 "행복하다"라는 말을 하게 되었습니다. 그래서 저는 행복한 엄마입니다. 경포 해변이 있고, 호수가 있고 소나무가 있는 커피 향 물씬 풍기는 강릉. 무엇보다 천국의 아이들이 살고 있는 강릉으로 놀러오세요.

입양은 영혼 구원입니다

윤이가 가족이 되어 우리 품에 안기면서 우리는 인터넷 카페를 하나

개설했습니다. 하나님께서는 전국의 그리스도인의 많은 입양 가정들이 한 가족으로 살기를 원하신다는 믿음으로, 주님께 입양된 사실을 인정하고 주님의 귀한 아이들을 입양해서 양육하고 있는 가족들과 더욱 사랑하며 살고자 만든 카페입니다.

이를 계기로 하나님께서는 우리 주변 곳곳에 믿음의 동역자를 붙여 주셨습니다. "입양이라는 단어가 없어질 때까지 엄마가 아이들을 모두 다 입양해"라고 했던 하선이의 말을 저 혼자는 실천할 수 없으니 하나님께서 보내 주신 사람들이라고 믿습니다. 이 동역자들과 함께 손에 손을 잡고 하선이의 바람을 이루어 가려고 하고 있습니다. 하선이의 기도가 곧 주님이 기뻐하시는 일임을 알고 선포하기 시작했습니다.

부산에 다진 병준 부부, 거제에 순근 윤정 부부, 대전 샘솟는교회 김상오 목사 부부, 충남 추부면에 순임 부부, 일산에 윤순 동진 부부, 의정부 광염드림교회 오세민 목사 부부, 보은 영선 부부, 20대의 젊은 나이에 암에 걸려 더 이상 출산할 수 없음을 알고 두 명의 자녀를 입양하여 예쁘게 키우고 있는 경아 부부, 평범하게 아이를 출산하고도 또 평범하게 두 아이를 입양하며 신앙 안에서 예쁘게 키우고 있는 세진 부부, 네 번째 아이를 입양하겠다며, 입양은 특별한 것이 아닌 그저 살아가는 거라며 몇 년 동안 입양을 이루기 위해 열심히 살고 있는 정현 부부… 이런 많은 동역자를 입양이라는 끈으로 묶어 가족이 되게 하신 주님께 감사합니다.

우리는 예수님 안에서 한 형제와 자매임을 고백하고 그리스도 안에서 가족임을 선포하기 위해 대전 샘솟는교회에서 김상오 목사님의 배려로 첫 예배를 드렸습니다. 그리고 이 모임을 '한국기독입양선교회'라 이름을 붙였습니다. 그날의 기사가 CTS 신문에 실렸습니다.

"가정과 부모 없이 자라는 아이들에게 가정을 선물하기 위한 '한국기독입양선교회'가 대전 샘솟는교회에서 창립예배를 드렸습니다. 아이를 입양한 목회자 가정과 성도 등 20여 가정이 함께한 창립 예배에서 말씀을 전한 한국기독입양선교회장 양동훈 목사는 '입양은 나를 사랑해서 구원하신 하나님 아버지의 뜻'이라며 '삶을 통해 예수 그리스도의 사랑을 전하자'고 강조했습니다."

이렇게 우리는 '입양은 곧 영혼 구원'임을 선포하며 '그리스도인 가정에서 한 가정이 한 명씩 주님의 자녀를 품기를' 원하는 사역을 하게 되었습니다.

> 14 무릇 하나님의 영으로 인도함을 받는 사람은 곧 하나님의 아들이라 15 너희는 다시 무서워하는 종의 영을 받지 아니하고 양자의 영을 받았으므로 우리가 아빠 아버지라고 부르짖느니라 16 성령이 친히 우리의 영과 더불어 우리가 하나님의 자녀인 것을 증언하시나니 17 자녀이면 또한 상속자 곧 하나님의 상속자요 그리스도와 함께 한 상속자니 우리가 그와 함께 영광을 받기 위하여 고난도 함께 받아야 할 것이니라 롬 8:14-17

스스로 주님께 입양된 자라고 인정하고 하나님의 귀한 자녀들을 맡아 말씀 안에서 잘 양육하여 선교사적인 마음으로 세상에 내보내기를 희망하는 그리스도인들의 모임을 사랑하는 지체들과 함께 주님께 나의 고백을 올려드렸습니다.

"주여, 우리 가족을 오직 주님의 도구로 사용하옵소서."

우리 가족을 믿고 늘 동역자로 함께 걸어와 주는 두란노의 모든 가족 분들께 감사합니다. 너무나도 멋진 강릉에서 살도록 배려해 주신 강릉중앙감리교회의 이철 목사님과 교인 분들께 감사를 드립니다. 명절이면 우리 아이들에게 맛난 걸 보내 주시고 아이들의 삼촌을 자처해 늘 도움을 주는 이홍렬 오빠에게도 마음 다해 감사합니다. 글을 쓰는데 뒤에서 옆에서 열심히 기도로 동역해 준 한국기독입양선교회 우리 가족들에게도 감사하고 저의 사랑하는 주님의 아이들과 남편 김상훈 목사에게도 진심을 다해 감사를 전합니다. 오직 모든 영광은 주님께로! 아버지, 사랑합니다.

—— 윤정희